ウケる！かんたん

マジック＆手品

こどもにもウケる！

Magic & Magic

上口龍生【監修】
Kamiguchi Ryusei

池田書店

ウケる！かんたんマジック&手品

目次

★カード

★スプーン

★ひも

★新聞紙

★ハンカチ

★ダイス

写真で実演！ より抜きマジック集

ここでは、テレビで誰もが見たことがあるマジックと、初心者でもすぐにできるカンタンマジックを紹介します。グラス消し、カードマジックなど、みんなにウケる鉄板マジックです。

アイコンの見方

離れている相手にも分かりやすい、大人数に見せるときにおすすめのマジックです。

相手の近くで見せるのがおすすめのマジックです。

わかりやすくインパクトが大きい、子どもが喜ぶマジックです。

Magic : 01 レベル１：かんたん！

エースとキングが大集合！

①
カードの山を好きなところから持ち上げてください

②
４つに分けて配って下さい

③
一番上に全てのエースが現れました！

④
裏にはなんと全てのキングが !!

２重の仕掛けで驚きも２倍！

好きなところでカードを分けたはずなのに、一番上は全てのエースが現れ、裏側には全てのキングが現れる…相手に２重の驚きを与えるマジックです。ポイントは、あらかじめカードを仕込んでおくことと**お手本を示すために一度カードを受け取るところ**。この行為がタネなのですが、相手は“お手本”と思い込んで、最初から最後まで自分でカードを配ったと錯覚します。シャッフルしたカードではできないので注意しましょう。

必要な道具

トランプ（1セット）

準備 カードにエースとキングを仕込む

カードの山の上から、エースが４枚、キングが４枚となるように仕込んでおく。順番が変わってしまわないように、あらかじめ仕込んだ状態でカードケースから取り出すといい。

1 相手にカードを半分ほど取ってもらう

カードの山をテーブルに置き、相手に好きなところから上を持ち上げてもらう（少なすぎる時や多すぎる場合は「だいたい半分くらい」と言う）。

2 相手の取ったカードの山を受け取る

相手が持ち上げた山を、伏せたままで受け取る。

カードを配るお手本を見せる

相手から受け取ったカードの山を持ち、上から4枚を４つに分けて配る動作を行う（配られた４枚のカードは全てエース）。

次に、1、2、3、４と、上から順番に４つに分けて配ってもらいます

４枚のカードを回収して山の下に重ねる

お手本として配った４枚のカードを集め、さりげなく山の下に重ねる。こうすると山の上４枚が全てキングに、下４枚が全てエースになる。

それでは、私が見せたようにカードを配ってください

カードを元に戻すふりをしてさりげなく山の下に重ねる。

相手にカードを配ってもらう

手順４で見せた手本と同じように、カードがなくなるまで４つに分けて配ってもらう（４つの山は、一番上が全てエース、一番下が全てキングになる）。

そのままカードがなくなるまで配ってください

カードを好きなところで分けてもらい、配ってもらいましたね。これをめくると…

一番上をめくる

４つに分けた山の一番上をめくっていくと、全てエースが現れる。全て自分でやらずに、１枚目は相手にめくらせることがポイント。

４つの山を裏返す

エースが揃った４つの山を裏返すと、裏側にはキングが揃っている。

なんと裏はキングが揃っています！

子どもにウケる

Magic：02 レベル２：少し練習

曲がれ！ スプーン‼

ティースプーン
があります
軽くつまんで
揺らすと…

曲がって
しまいました！

憧れのスプーン曲げはタネなしマジック⁉

誰もが一度はやってみたいマジック、スプーン曲げ。実はこのマジックにはトリックがありません。**テコの原理を利用すれば、少ない力で簡単にスプーンを曲げることができるのです**。上手に見せるポイントは、そっとつまんで上下にゆらゆら揺らすこと。揺れにあわせて曲げることで、力を入れる瞬間が相手にばれにくくなります。また、一度曲がったものを戻すマジックはありませんので、お店や人のスプーンは曲げないようにしましょう。

必要な道具

ティースプーン

1 スプーンをつまんで大きく揺らす

まず最初にスプーンを親指と人差し指でつまんで、手を振ってスプーンを上下に揺らす。

2 揺らす動きにまぎれてスプーンを写真のように持つ

人差し指と親指でスプーンの付け根をつまみ、上下に揺らし続けながら小指と薬指を柄に引っ掛ける。

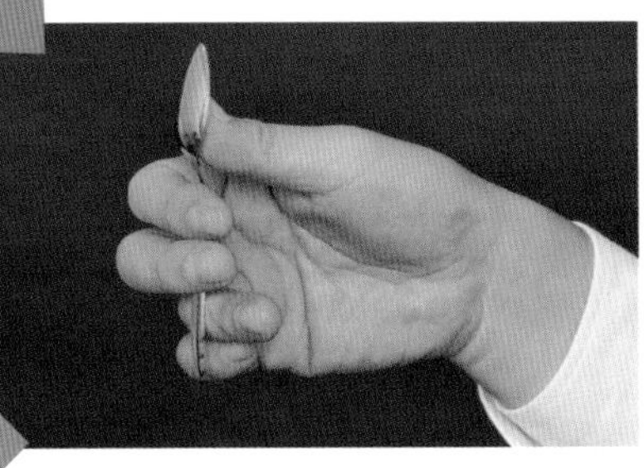

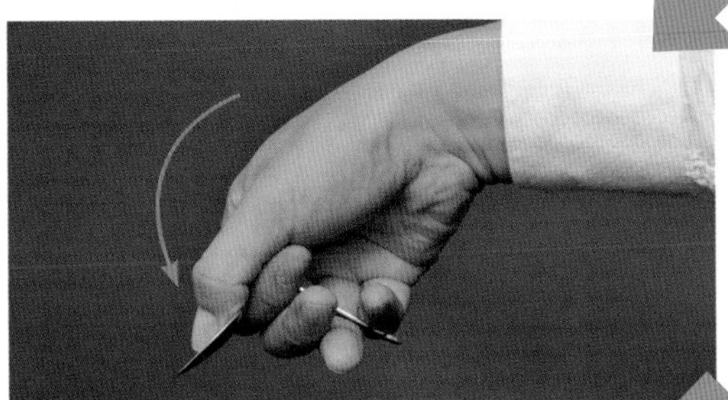

3 親指に力を入れる

揺らしながら手首が下を向いた時に、親指をグイッと押し出す。テコの力で簡単に曲げることができる。

4 指先で持ってみせる

指を開き、人差し指と親指で持つ。力の加わっていない柄の先の方を持つとより効果的。

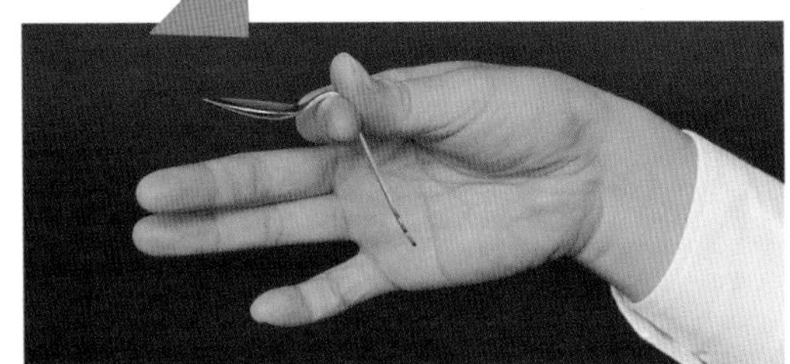

ワンポイント

曲げた直後にスプーンを上に投げると、一瞬で曲がったように見える。最初にスプーンを2、3度投げてみせるのがポイント。スプーンを曲げる瞬間は手元を見ずに、これから投げる宙に顔を向けることで、相手の視線をスプーンから逸らすことができる。

テレビで見たあのマジック！

Magic：03 レベル３：しっかり練習

500円玉が10円玉に！

①
ここに500円玉が
あります

②
上から
そっと
なでると…

③
悲しいことに
10円になって
しまいました

④
でも大丈夫。
もう一度なでると…

⑤
ほら、500円に
戻ります

世界共通で“ウケる”マジック

500円玉が手の中で安くなってしまう？**手の中に隠し持った10円玉がタネです。**コインを隠し持つテクニックはさまざまなコインマジックに応用できるので、指の形をしっかりと練習しましょう。またこのマジックをおもしろくするポイントは、披露する相手から500円玉を借りること。相手は自分お金の価値が下がってしまうので、最後まで気が気ではありません。お金マジックは言葉や文化に関係なく世界共通で“ウケる”のです。

必要な道具

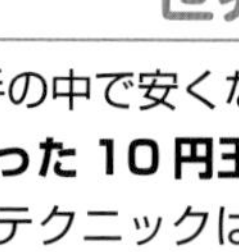

500円玉（1枚）

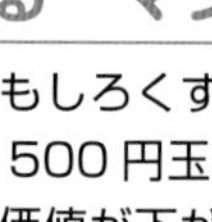

10円玉（1枚）

準備 右手の中指に10円玉を隠しておく

右手にはあらかじめ10円玉を中指の第二関節〜付け根に置き、人差し指と薬指ではさんで隠し持っておく。

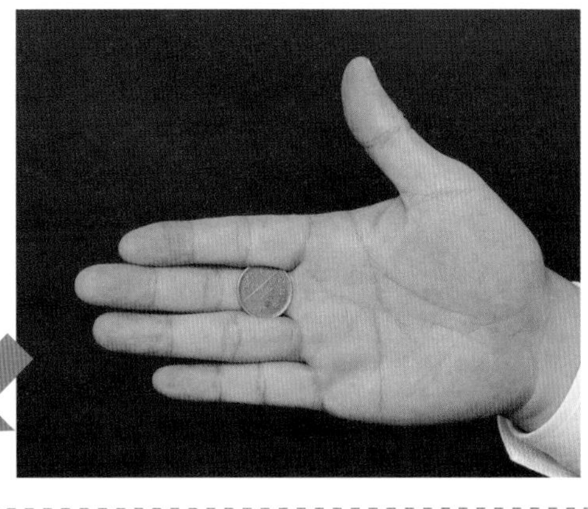

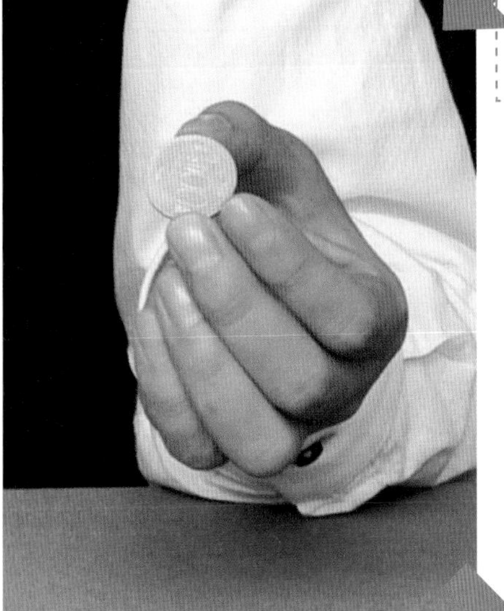

1 左手で500円玉を持つ

相手から500円玉を借り、人差し指、親指、中指の三本を使ってはさむ（「スペルバンド」というテクニック）。500円玉を持っている手には仕掛けがないことを一度見せ、手首を返して下から支えるように持ち変える。

2 10円玉を隠し持った手で500円玉をなでる

左手の 500円玉を上から 2 〜 3 回なでる。相手は 500円玉に集中しているので、右手の裏に隠している10円玉には気付かない。

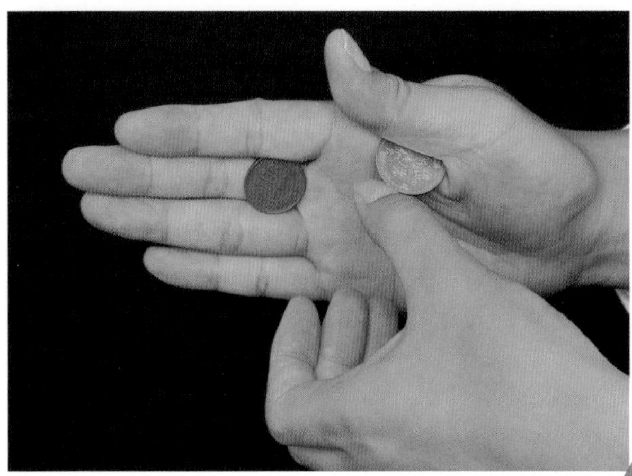
自分から見た場合

3 500円玉を右手ではさむ

右手で500円玉をなでながら、500円玉を右手の親指と人差し指の付け根ではさむ（サムパームと呼ばれるテクニック）。ゆっくりとした動作でもOKなので、慌てずにしっかりと固定する。

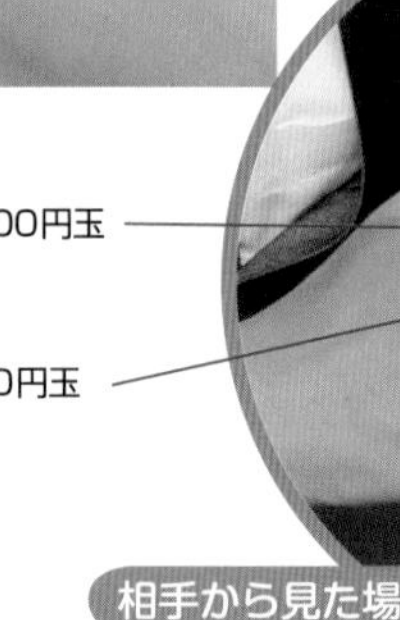

相手から見た場合

4 左手で10円玉を取る

500円玉を離した左手の指で、右手中指にはさんだ10円玉をつかむ。ゆっくりと右手を離すと、相手には500円玉が10円玉に変わったように見える。

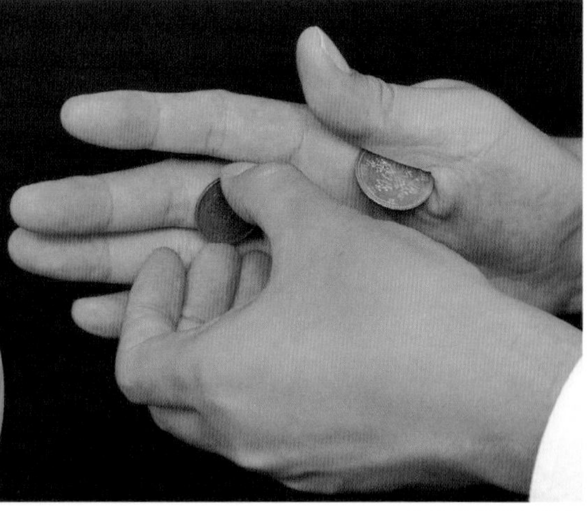
自分から見た場合

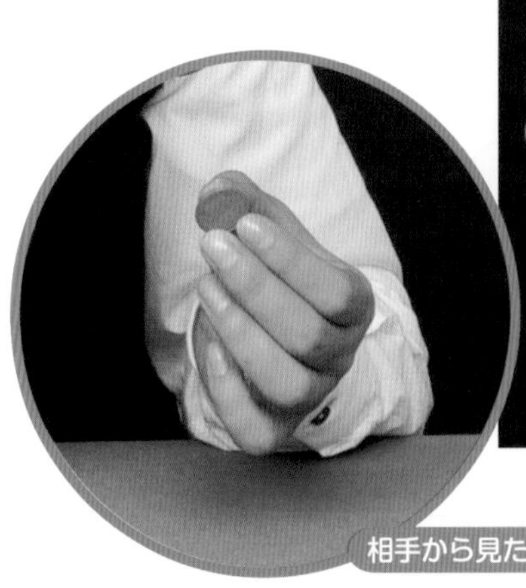
相手から見た場合

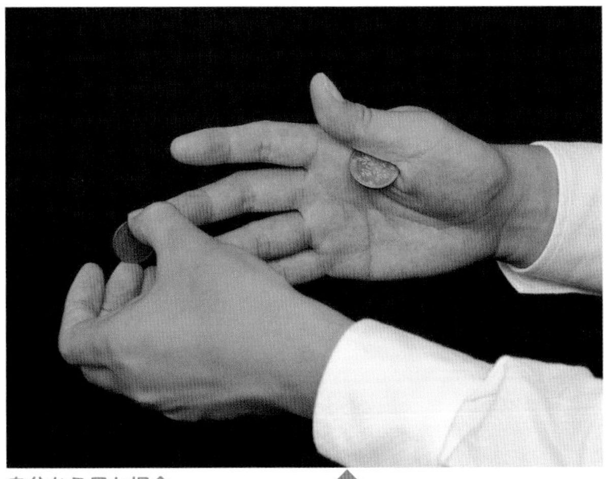

自分から見た場合

5 元に戻すため もう一度 10円玉をなでる

再度10円玉をなでる動作をする。右手が左手を隠した時に、左手の指先にある10円玉を手の平の中に落とす。

自分から見た場合

6 500円玉を再度つかむ

右手親指にはさんでいた500円玉を、空になった左手の指先でつかむ。そっと右手を離すと、10円玉が500円玉に戻ったように見える。500円玉を右手に持ち替えて相手に見せながら、左手に残った10円玉を自分の膝の上に落とす。

自分から見た場合

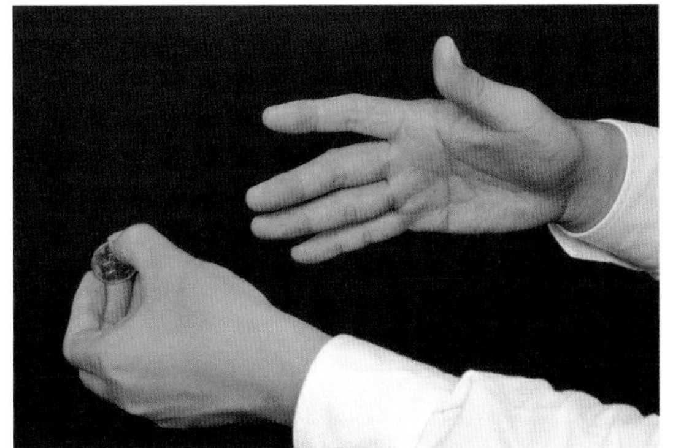

500円玉

相手から見た場合

10円玉

Magic : 04 レベル２：少し練習

ダイスが消えて移動する！

①
2つのダイスに
手をかぶせると…

②

片方のダイスが
移動します

③

これを繰り返すと、
4つのダイスが
1カ所に集まりました！

④

ダイスが瞬間移動!?　手順をしっかり覚えよう

4つのダイスをテーブルの上に、四角形に並べます。その上にそっと手をかざすと、ダイスが次々と瞬間移動。あっという間に一カ所に集まりました！　実は、**手の中に5つ目のダイスを隠し持っていて、これを出したり隠したりすることで、移動しているように見えるのです。**カフェなどで即興マジックとしてやる時は、ダイスの代わりに使い切りのミルクでもOKです。両手を動かす手順を覚えて、スムーズにできるように練習しましょう。

必要な道具

ダイス（5つ）
手の平に収まる大きさのもの。使い切りのコーヒーミルクでも代用可能

準備 ダイスを仕込む

テーブルの上に、４つのダイス（A,B,C,D）を正方形を描くように並べる。マジックを始める前に、右手の平にダイス（X）をはさんで隠し持っておく（「オーディナリーパーム」というテクニック）。

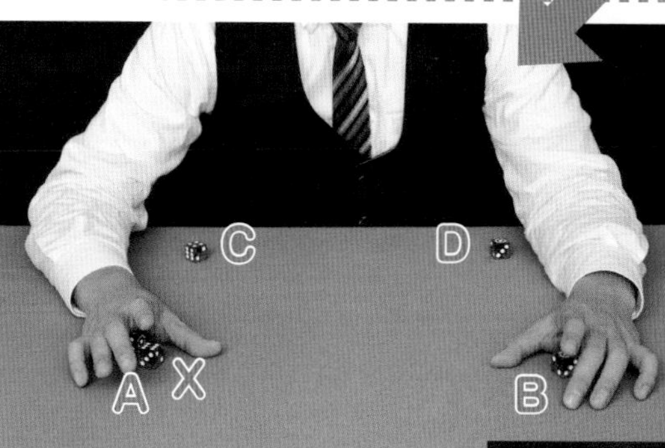

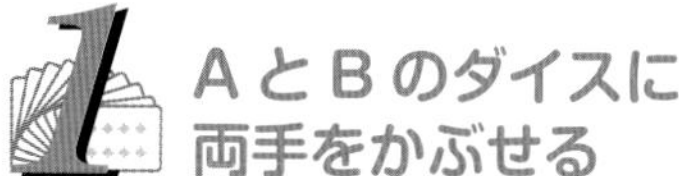

1 AとBのダイスに両手をかぶせる

Aの上に右手を、Bの上に左手をかぶせる。

2 Xのダイスを置いてBを隠し持つ

右手のXを離し、左手の平でBを隠し持つ。相手からはダイスが移動したように見える。

右手をCに、左手をA、Xに移動させる

右手をCの上に、Bを隠し持った左手をAとXの上に移動させる。

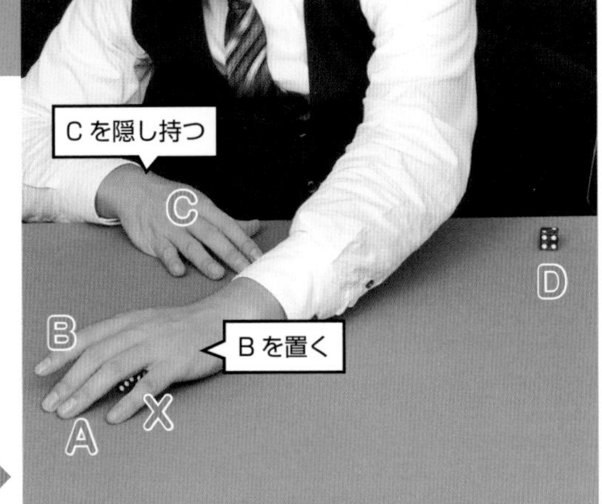

ダイスBを置き、Cを隠し持つ

AとXにかぶせた左手からBを離す。同時にCを右手の平に隠し持つ。相手からは、左上のダイスが左下に移動したように見える。

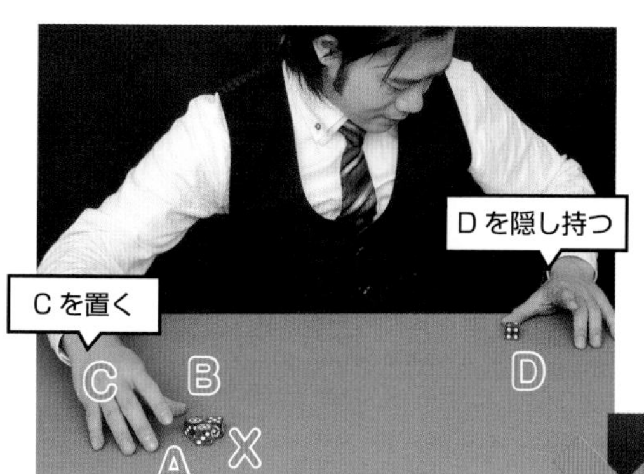

5 ダイスCを置き Dを隠し持つ

A、Xと、Bに、Cを隠し持った右手を、Dに左手をかぶせる。次に右手からCを離し、左手の平でDを隠し持つ。

6 全てのダイスを一カ所に集める

右手を上げ、相手にA、X、B、C 4つのダイスを見せる。同時に左手の平に隠し持ったDを膝の上に落として終了。5つのダイスを使用しているが、相手には4つのダイスが次々と集まってくるように見える。

ワンポイントアドバイス

ダイスを手の平で隠し持つ時のポイントは、無理をして持ち上げようとしないこと。スライドするように両手を動かしても見た目に大きな差は出ない。持ち上げなければならない時は指をすぼめるとよい。

テレビで見たあのマジック！

Magic：05　レベル３：しっかり練習

コインが体を貫通する！

ここに２枚の
コインがあります

腕に
おしつけると…

これらのコインが１枚
ずつ体を貫通します！

このとおり！

チャリン

３枚目のコインがこのマジックのカギ

２枚のコインが体を貫通して次々とグラスの中に落ちていく、まるで魔法のようなマジック。**実は、このマジックに使用するコインは３枚。手元でコインを隠したり出したりするトリックを組み合わせることで「貫通」しているように見せています。**相手には存在が見えない＋1 枚のコインのことを「エキストラコイン」と言います。コインを手の中に隠す「パーム」のテクニックが必要なので難易度は高いですが、ぜひ挑戦してみてください。

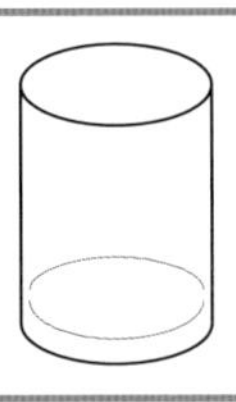

グラス（１つ）

コイン（３枚）
500円玉または
ハーフダラーコイン

準備 コインを1枚、左手に隠し持つ

テーブルの上に、2枚のコインとグラスを並べる。左手であらかじめコインを1枚隠し持っておく。(小指の付け根にコインを隠し持っておく「フィンガーパーム」と呼ばれるテクニック)。

1 右手でテーブル上のコインを1枚持つ

「フィンガーパーム」でコインを隠し持った左手で、グラスを持つ。この時、左手の甲を相手に向けるようにグラスを持つと、相手からは手の平にあるコインが見えない。

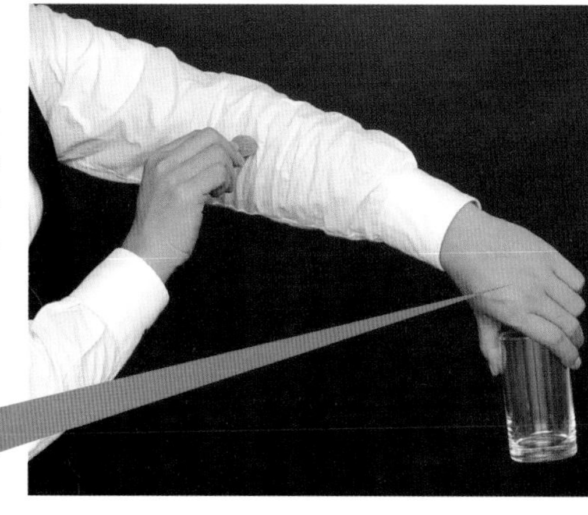

自分から見た場合

2 右手に持ったコインを左手の腕に押し付ける

右手に持ったコインを左手の腕に押し付けながら、親指と人差し指の付け根にコインをはさんで(サムパーム)コインを隠す。同時に、左手の平のコインをグラスの中に落とす。相手からはコインが腕を貫通してグラスに移動したように見える。

自分の右手の内側(サムパーム)

グラスからコインを取り出すふりをして左手で隠し持つ

グラスに落ちたコインを取り出すふりをして、左手の薬指と小指で隠し持つ「フィンガーパーム」をする。代わりに右手の親指で「サムパーム」していたコインを取り出す。すると相手には、グラスからコインを取り出したように見える。

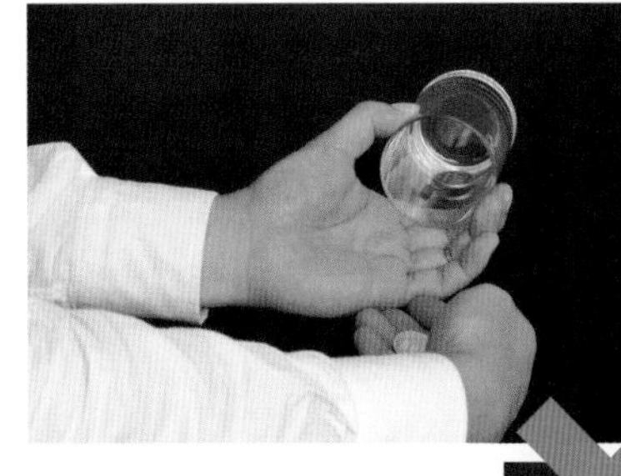

グラスに入っていたコイン

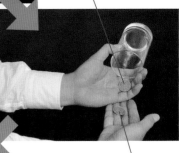

隠し持っていたコイン

グラスに入っていたコイン

隠し持っていたコイン

右手で隠し持っていたコインをグラスに戻す

次に、右手に隠し持っていたコインを、再びグラスの中に戻す。左手にはコインが１枚入ったグラスと、フィンガーパームした１枚のコインが。右手は空になる。

同じ動作を繰り返す

右手でテーブルに置いてあるもう1枚のコインを持ち、手順2と同じく左腕に押し付ける。右手のコインを「サムパーム」で隠し、左手の「フィンガーパーム」で隠し持っていたコインをグラスの中に落とす。相手からは、2枚目のコインも体を貫通して移動したように見える。

グラスから2枚のコインを取り出すふりをして1枚を右手のコインとすり替える

グラスから2枚のコインを取り出すふりをして、1枚は左手に「フィンガーパーム」する。もう1枚のコインと、右手に「サムパーム」していたコインと合わせて、2枚取り出したように見せる。

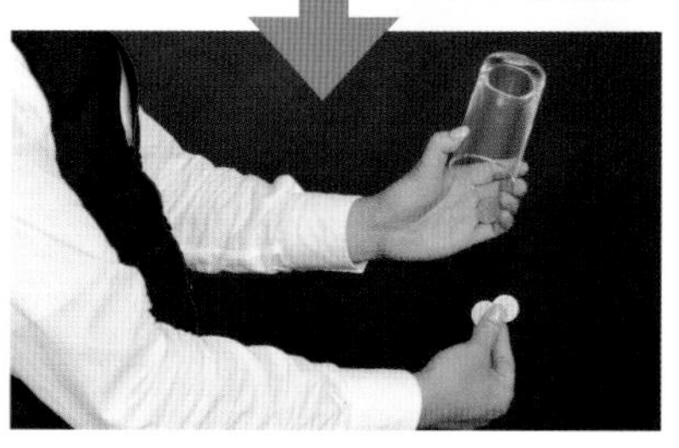

いろいろなポーズを取り入れよう

コインを体に押しつけるとき、いつも同じポーズではワンパターンになってしまう。手の中にコインを隠し持ちさえすればどんなポーズでも構わないので、手を背中に回したり、コインを頭の上に置く振りをしたりと、ポーズにバリエーションをつけてみるといい。

誰でもできる！かんたんマジック！

Magic：06　レベル１：かんたん！

紙コップの水が消えた!?

紙コップに
水を注ぎます
ひっくり返しても水が
こぼれてきません！
水が消えて
しまいました！

底が抜けたコップに水を注ぐ

水を注いだ紙コップをひっくり返すと…中にあるはずの水はこぼれません。さらに紙コップをクシャクシャにつぶしてフィニッシュ。とてもインパクトがありますが、**実は紙コップの底に穴を空けるだけ**で、誰でもすぐにできるマジックです。ポイントは、最初に水を注いだ際につく水滴。紙コップをひっくり返す時に数滴たれることで「水が消える」ことがリアルに見えるのです。空の紙コップを持つ演技力も重要です。

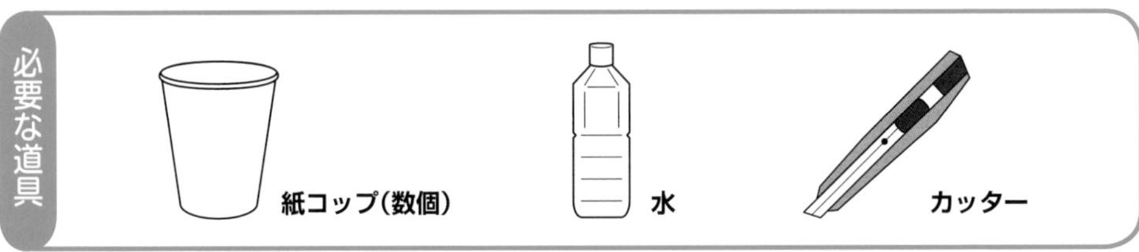

準備 紙コップの底を抜く

紙コップの底をカッターなどで切り抜く。「底を抜いた紙コップ」を、細工をしていない紙コップ数枚の上に重ねておく。

1 紙コップに水を注ぐ

重ねた紙コップに水を注ぐ。一番上にある「底を抜いた紙コップ」を、半分ほど持ち上げるのがポイント。

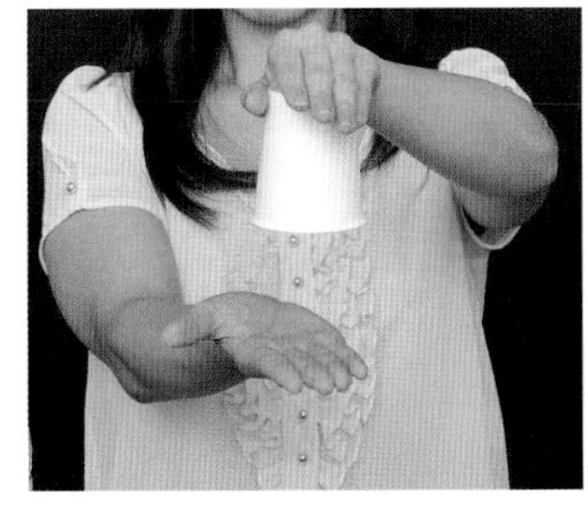

2 コップを持ち上げる

「底を抜いた紙コップ」を持ち上げ、上と下から手ではさむ。中に水が入っているように慎重に、上下をひっくり返す。

3 下の手を離す

上下が逆になった紙コップの下（＝飲み口）に添えた手をそっとはずす。手順2の時についた水が数滴見えるが、このことで相手に水の存在を錯覚させる。

4 紙コップをつぶす

最後に紙コップをつぶして、水が完全に消えたことを示す。

Magic：07 レベル１：かんたん！

仲良しな魔法のクリップ

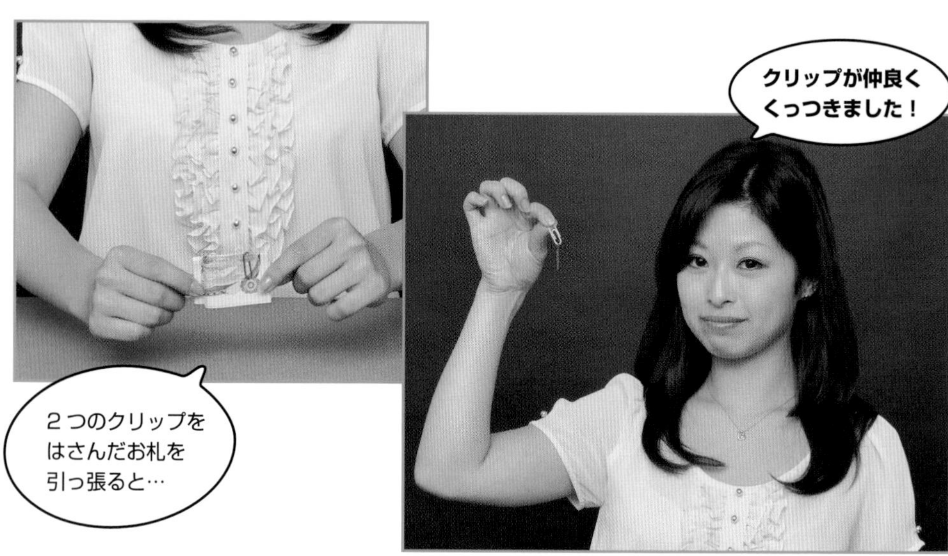
クリップが仲良く
くっつきました！
２つのクリップを
はさんだお札を
引っ張ると…

折ったお札につけたクリップが一瞬でつながる！

お札の折り方とゼムクリップの付け方を間違えなければ、すぐにできるタネなしマジックのひとつ。失敗しないポイントは２点、お札につける２つのクリップの距離を離すことと、勢いをつけてお札を引っ張ること。どちらが不十分でも、クリップがうまくつながらないことがあります。結婚式などのおめでたい席で披露する場合は、クリップを新郎新婦に見立てて「愛の力で２人はつながりました」という演出をしてもいいですね。

必要な道具

1000
1000
日本銀行券
千円
日本銀行

1000円札（1枚）
他の紙幣。同サイズの紙でも可能

クリップ（2つ）

1000円札にクリップをセットする

相手に1000円札を広げて見せて、下記の手順の通りクリップをセットする。

セットの方法

お札を縦半分に折る。

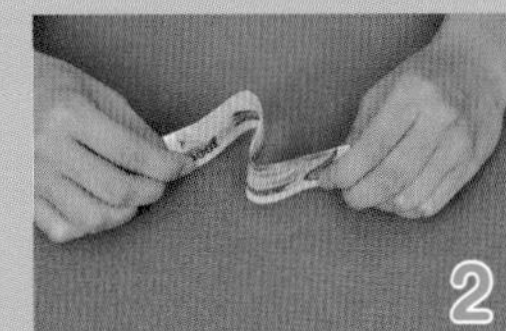

アルファベットの「Z」の形に折り曲げる。

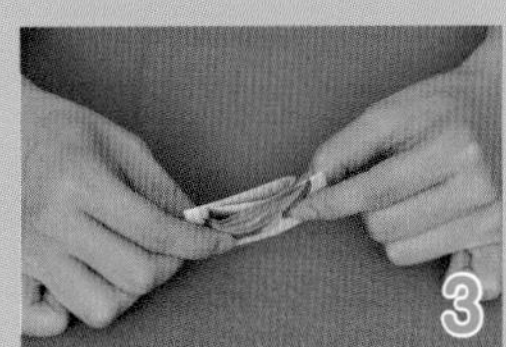

両端をZの折り目に合わせる。

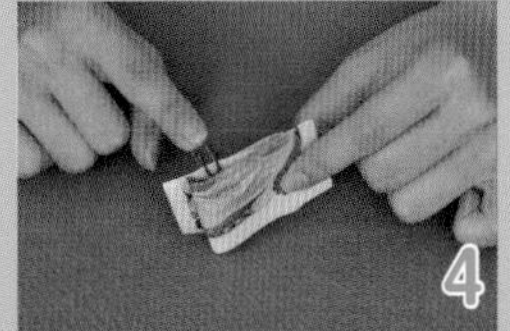

重なっている3枚のうち、2つをクリップで挟む。

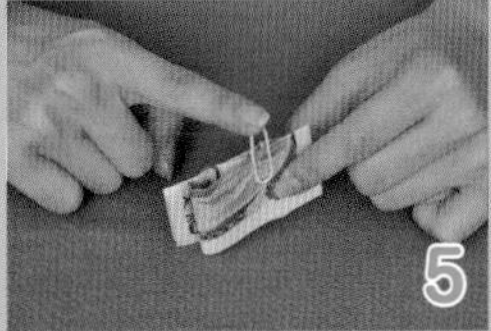

反対側も同じようにクリップで挟む。

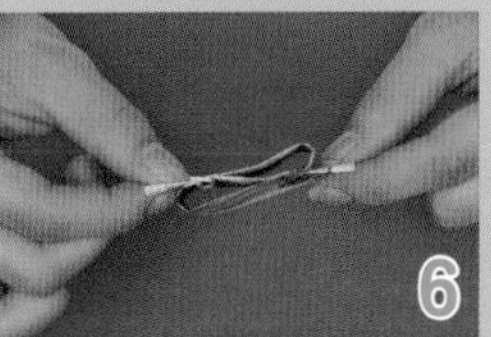

これでセット完了。

両端を引っぱる

1000円札の両端をつまみ、外側に引っ張る。

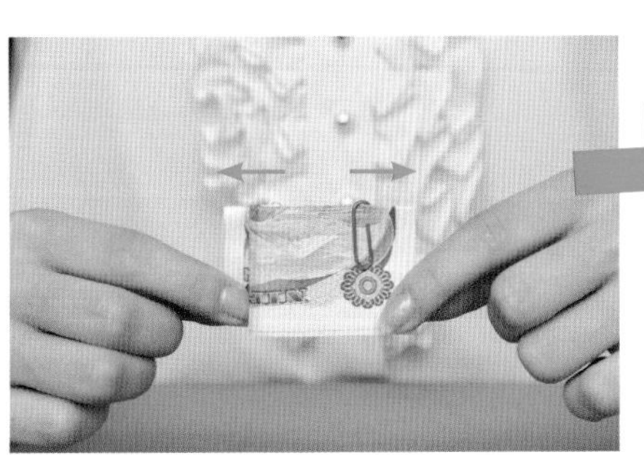

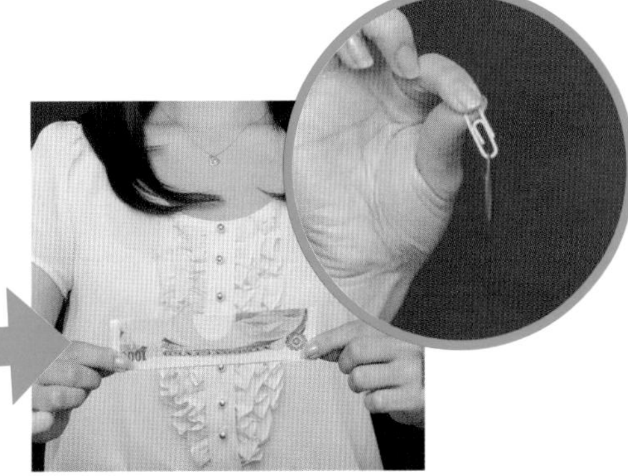

クリップが勢いよくジャンプ！　よく見ると2つのクリップが1つにつながっている。

大人数向け

Magic:08 レベル1：かんたん！

2枚のハンカチを空中で結ぶ!

2枚のハンカチを
一瞬で結びます

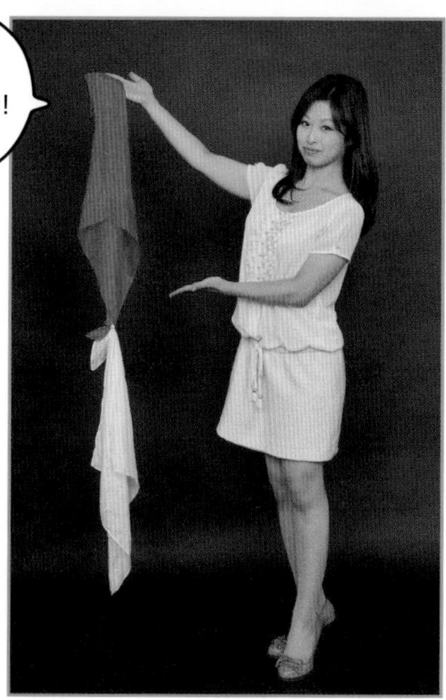
はい
この通り！

シンプルながら優雅なマジック

空中に投げた赤と白のハンカチが一瞬にして結ばれます。しかし、結び目よ〜く見てみると、**2つは輪ゴムで一緒にくくられているだけ**。カンタンにできるマジックです。ポイントはタネを仕込むハンカチの色です。輪ゴムの黄土色は、赤いハンカチだとあまり見えませんが、白いハンカチだと目立ってしまいますので注意が必要です。立ち上がって行い、派手で華やかな印象を与えるので、大勢の前で披露するのにぴったりです。

必要な道具

ハンカチ（2枚）
シルク製の柔らかいものがよい

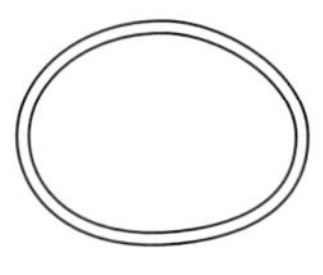

輪ゴム（1つ）
直径2cm前後の小さなもの。ない場合は普通のサイズの輪ゴムに結び目を作って代用する

準備 右手に輪ゴムを仕込む

小さな輪ゴムを用意し、右手の親指、人差し指、中指の３本を中に通す。３本の指で輪ゴムの上から赤色のハンカチをつかみ、左手には白いハンカチを持つ。

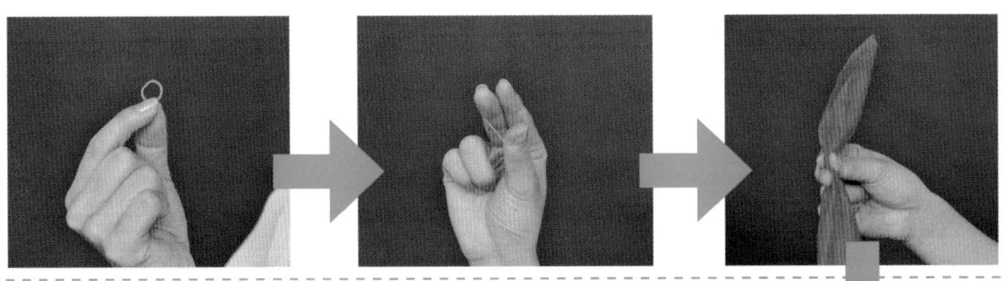

1 ２色のハンカチを一緒に持つ

輪ゴムを仕込んだ右手の３本指で、赤色のハンカチの上から白色のハンカチを持つ（端から 10 ～ 15cm あたり）。上下に揺らしながら手首を下に向けると、輪ゴムがすべり落ちてきて、２枚のハンカチをくくる。

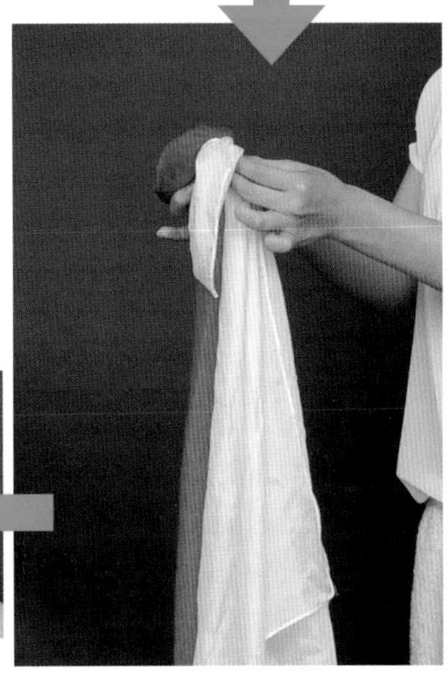

少し揺らす

おまじないを
かけて一緒に
投げると…

2 宙に投げてフィニッシュ

ハンカチを放り投げて、輪ゴムでくくられたハンカチをキャッチして終了。相手からは２枚のハンカチが空中で結ばれたように見える。

Magic：09 レベル１：かんたん！

新聞紙の中のグラスが消えた！

グラスに新聞紙
をかぶせます
中にグラスがあ
るはずですが…
なんと！
グラスが
消えました！
グシャ！

グラスが消える王道マジック

新聞紙で包んだグラスが消えてしまうという、誰もが一度は見たことがあるマジック。**タネは新聞紙の裏でこっそりグラスを抜き取ることです**。あとはグラスの形が残った新聞紙を潰すだけ。抜き取ったグラスは自分のひざの上に落とせば、相手からはグラスが完全に消えたように感じられます。ここでは座った状態での手順を解説していますが、P91 では立った状態で行う方法を掲載しています。両方セットで覚えてみましょう。

必要な道具

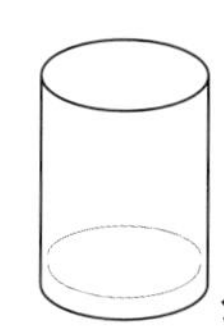
グラス（1つ）

新聞紙

グラスを机に伏せて置く

グラスに仕掛けがないことを相手に見せ、上下逆さまにしてテーブルに置く。

グラスに新聞紙をかぶせる

1 枚の新聞紙を広げて、上 1/4 あたりをグラスの上にかぶせる（下図参照）。グラスの形がはっきりとわかるように新聞紙を押さえつけてグラスを包む。このとき、新聞紙からグラスを抜き取りやすいように少しゆるめに包むのがポイント。

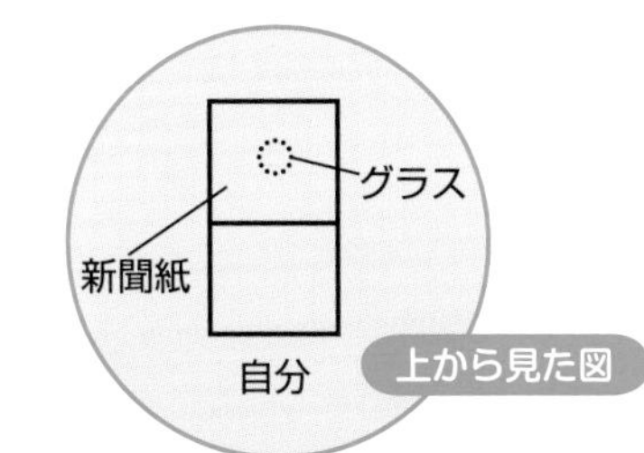

グラスを持ち上げて相手に見せる

左手で新聞紙とグラスを一緒に持ち上げ、中にグラスがあることを相手に見せる。グラスを指差すふりをして右手の人差し指と中指でグラスのふちをつかむ。

グラスを抜き取って グラスをテーブルにぶつける

新聞紙をテーブルにふせると同時に、右手の指でグラスを抜き取る。そのまま右手の親指で新聞紙の端（手前）をつかむ。次に、グラスの形に盛り上がった新聞紙でテーブルを叩くフリをしながら、同時に右手に持っているグラスでテーブルを叩いて音を鳴らす。

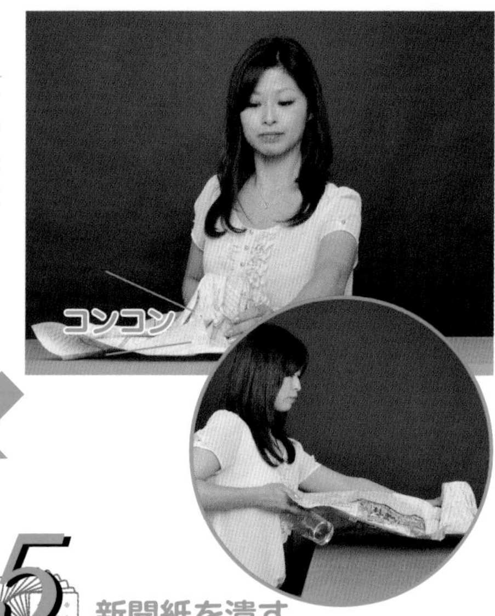

5 新聞紙を潰す

左手でグラスの形に盛り上がっている新聞紙を叩き潰す。

グラスをひざの上に落とす

右手に持ったグラスをひざの上に落とす。このとき、つま先を立てて太ももに角度をつけておくと、グラスが膝から落ちにくい。最後にグラスを離した右手で新聞紙の端（相手側）をつかんで持ち上げ、グラスが消えたことを相手に見せる。

横から見た図

イラストで図解！
マジック集

ここでは、さまざまな道具を用いたマジックを紹介。コインやカードといったマジックの王道アイテムから、スプーン、新聞紙、ハンカチなど身近なアイテムまで、バリエーション豊富。手順はイラストでわかりやすく解説しています。

Magic：10 レベル２：少し練習

少人数向け

10円が一瞬で100倍に!?

ここに10円玉が
あります
10

ところが
一瞬のうちに…

2枚の500円玉に
なりました
500
500
!

コインでコインを隠す

１枚の10円玉を両手で揉むと…一瞬で500円玉2枚に。コインの持ち方と、大きさの違いを利用したマジックです。トリックの鍵となるのは**500円玉を2枚隠し持つこと**。手の中から２枚のコインが出てくることで、10円玉を隠す時にどうしても出てしまう“音”を自然なものに変えるのです。また、自分と相手の視線の高さが違うと、仕掛けが見えてしまう恐れがあります。自分も相手も、必ず座ってから行いましょう。

必要な道具

500円玉（2枚）

10円玉（1枚）

※100円玉と１円玉のように、大きさの違うコインならば代用できる

準備　500円玉の裏に100円玉を隠し持つ

2枚重ねた500円玉を右手の親指と人差指で挟む。10円玉を500円玉と垂直になるように持つと、相手からは500円玉が見えなくなる。

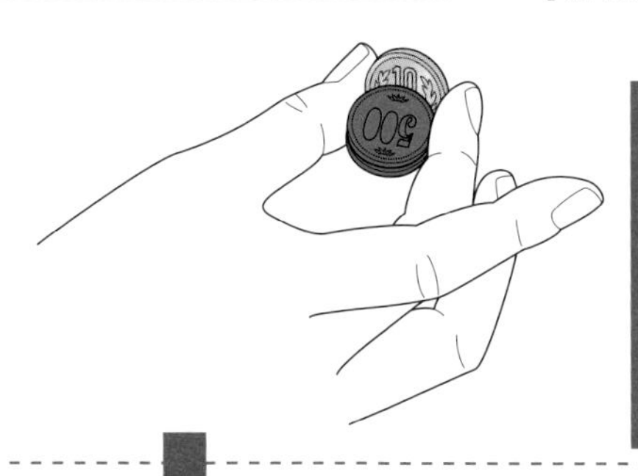

相手から見た図

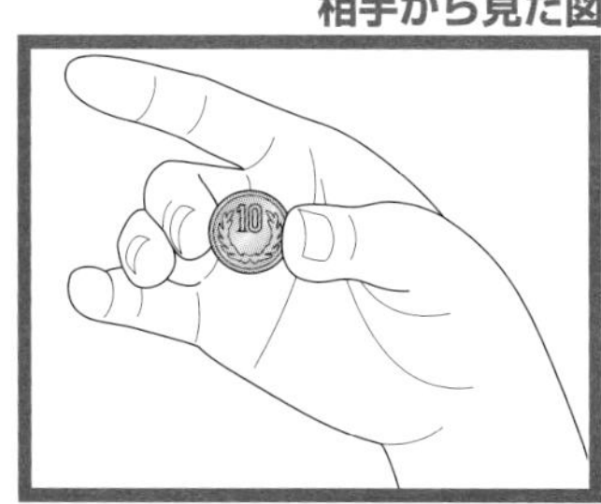

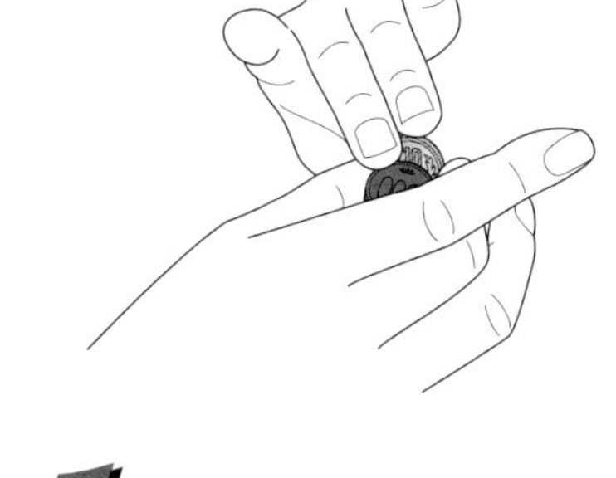

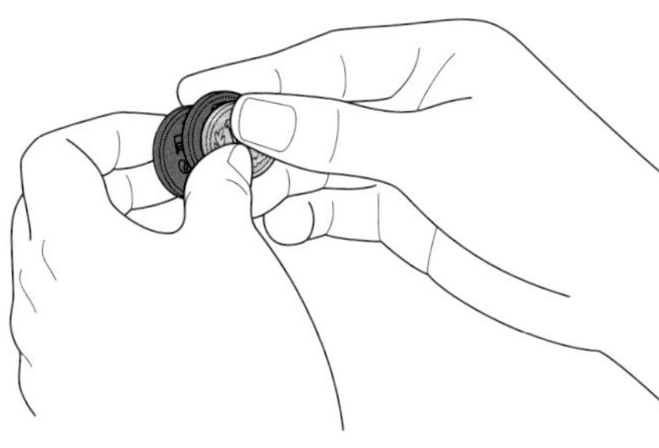

1 10円玉と500円玉を重ねる

左手で右手を隠しながら、10円玉を500円玉の後ろに重ねる。

2 500円玉の裏に10円玉をかくして相手に見せる

あとは左右の手で500円玉と500円玉＋10円玉に分けると、10円玉が500円玉2枚になったように見える。相手の目線の高さにコインを持つことがポイント。少しでも角度がずれると、10円玉の後ろに隠した500円玉が見えてしまう。

Magic：11　レベル３：しっかり練習

コインが手の甲を通過する!?

王道とも呼べる、コインマジック

　コインが手の甲を貫通する王道とも呼べる、コインマジック。そのトリックは極めてシンプルで、実は**相手の目の前で堂々と持ち替えているのです**。至近距離でじっと見られているのに、持ち替えていることがばれない。その理由は、最初に「手の甲を貫通します」と言うこと。さらに、コインで実際に手の甲を叩くことで、相手の意識を手の甲に集中させます。手の平を返す動作をしながら受け渡せば、相手からはコインの移動が見えません。

必要な道具

コイン（１枚）

1 コインを手の甲に当てる

右手に持ったコインで左手の甲をトントンと叩く。「手の甲を通過します」と言い、相手の集中を手の甲に向ける。

2 左手を返す

相手に左手の平を見せる。右手の人差し指で差し、左手にはまだ何もないことを示す。

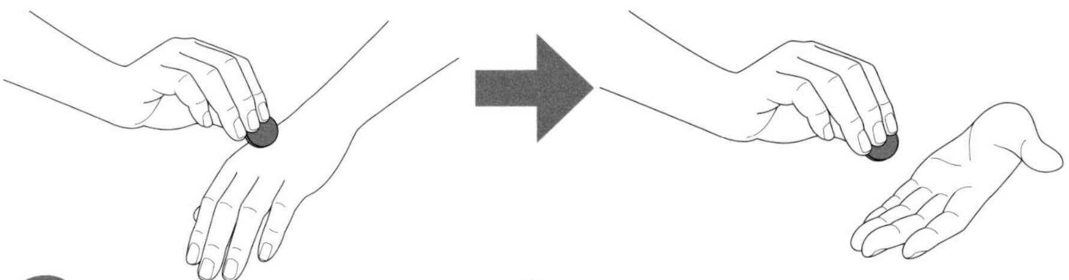

3 コインを移動させる

左手を再び返しながら、右手のコインを左手の中に移動させる。このとき右手はコインを持ったふりをする。

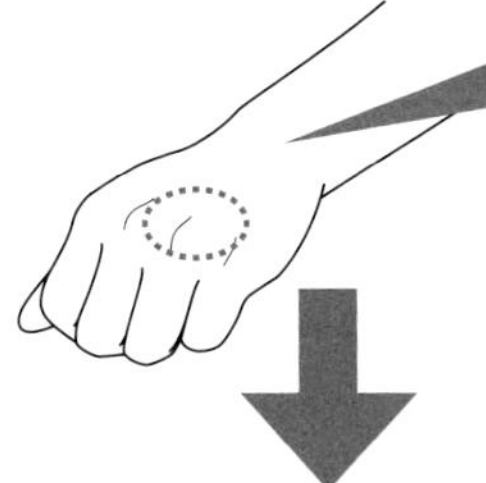

【コインの受け渡し方】

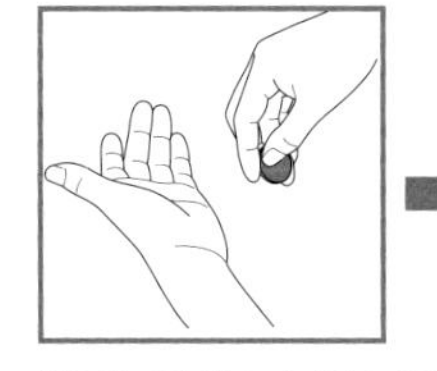

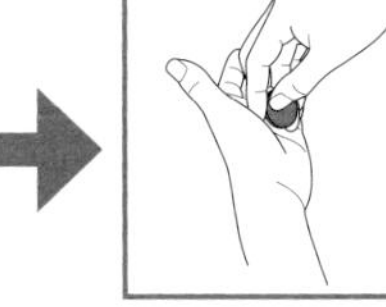

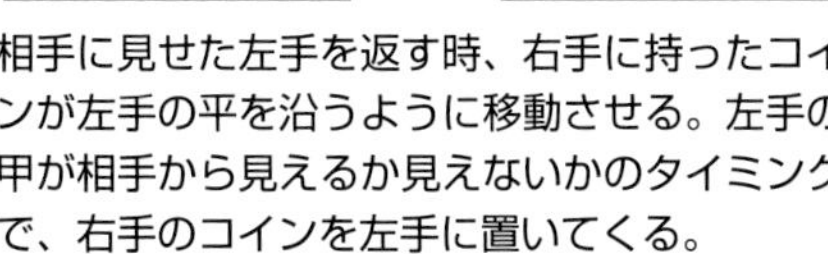

相手に見せた左手を返す時、右手に持ったコインが左手の平を沿うように移動させる。左手の甲が相手から見えるか見えないかのタイミングで、右手のコインを左手に置いてくる。

4 右手の指先を左手の甲にこすりつける

右手でコインを持ったふりを続け、左手の甲にこすりつける。ゆっくりと手を離すとコインがなくなっており、手の平に移動したように見える。

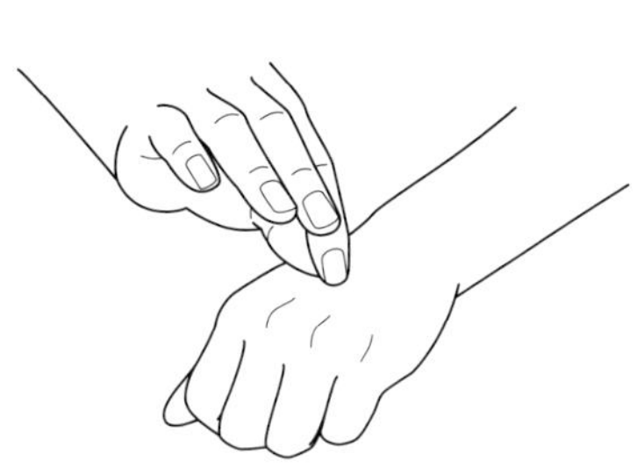

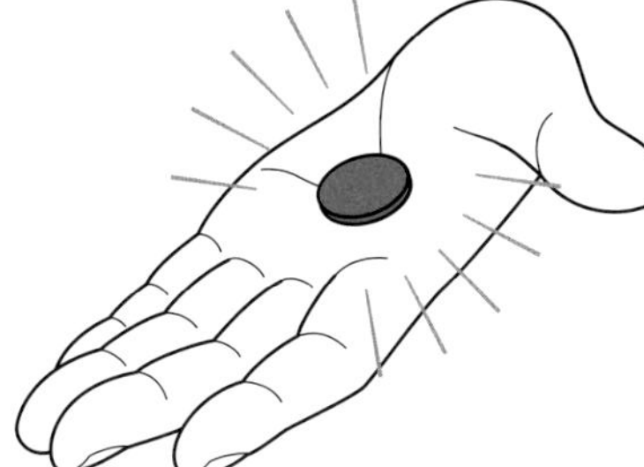

Magic：12　レベル１：かんたん！

お金を食べるハンカチ!?

ハンカチの
真ん中に
コインを
おいて
たたみます

触ってみて
下さい
コインは
あり
ますね？
はい

ところが
持ち上げると
コインは
ありません
!?

ハンカチで包んだ100円玉が消えてしまう

100円玉をハンカチの中央に置き、そっと折りたたむ。上から触って中に入っていることを確認したはずなのに、ハンカチを広げると100円玉が消えてしまう!?　**このマジックのポイントは相手にトリックを手伝ってもらうこと。ハンカチにはあらかじめ両面テープが付いているのですが、それだけでは100円玉とくっつきません。相手に確認として上から抑えてもらう**ことで、100円玉と両面テープがくっつき、まるで消えたように見えるのです。

100円
（相手から借りる）

ハンカチ

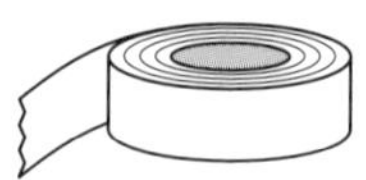

両面テープ

準備 ハンカチの角に両面テープを貼っておく

ハンカチの角にあらかじめ両面テープを貼っておく。両面テープの付いた角が自分の方になるようにハンカチをテーブルに広げ、先端を手前に垂らす。これで、相手からは両面テープのある角が見えない。

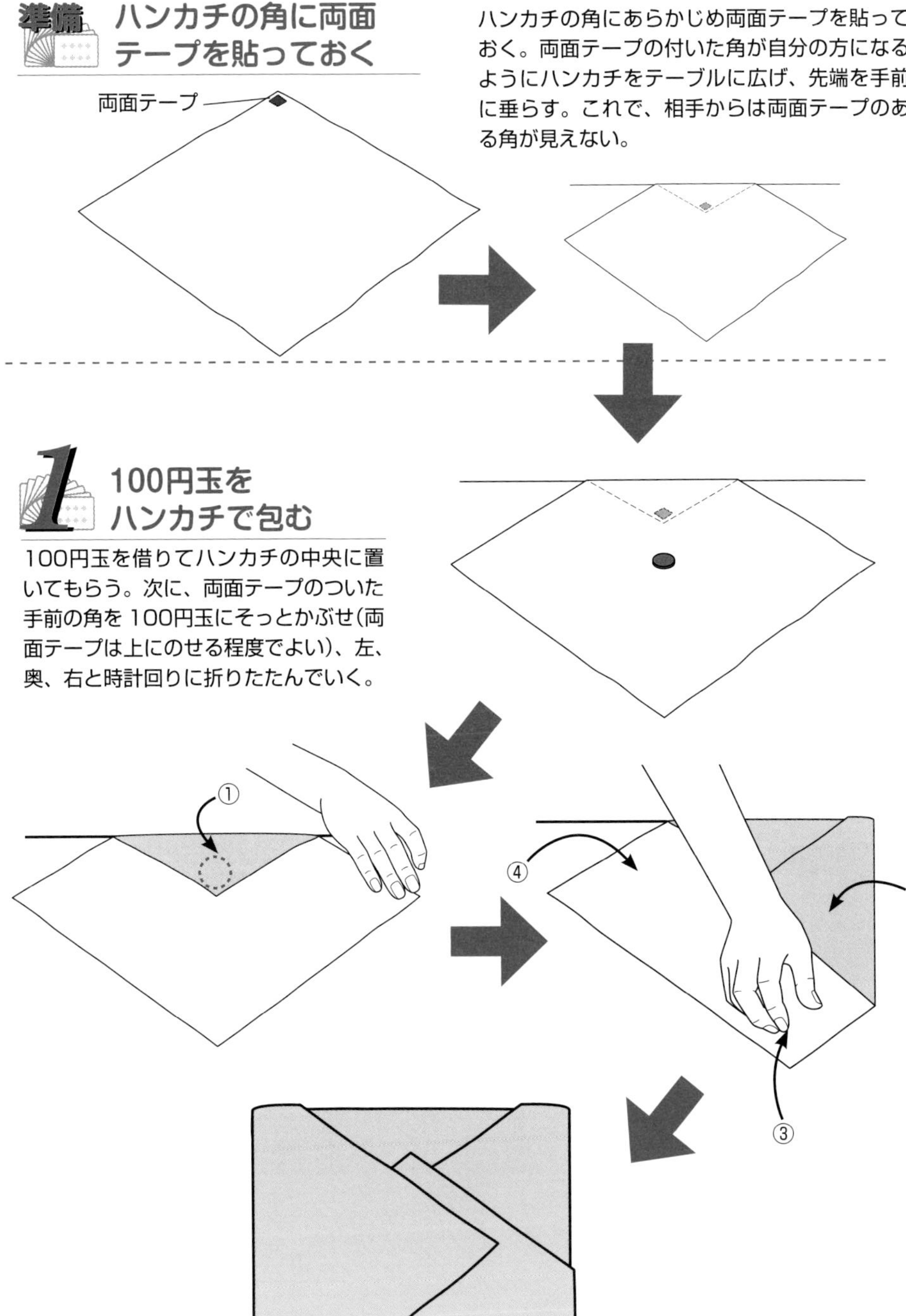

1 100円玉をハンカチで包む

100円玉を借りてハンカチの中央に置いてもらう。次に、両面テープのついた手前の角を100円玉にそっとかぶせ(両面テープは上にのせる程度でよい)、左、奥、右と時計回りに折りたたんでいく。

相手に中身を確認してもらう

たたんだハンカチを相手に触ってもらい、中に100円玉があることを確認してもらう。

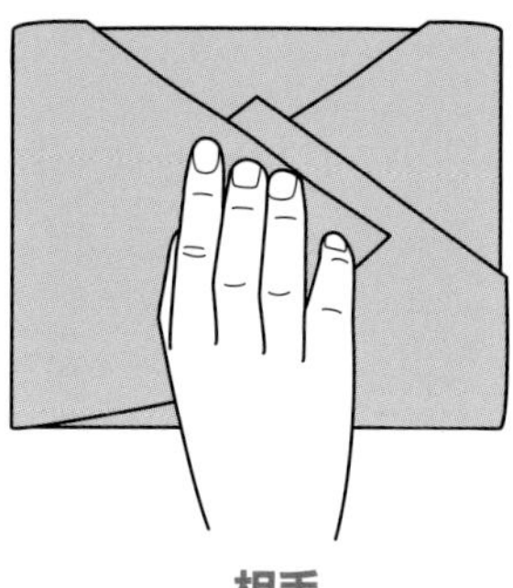

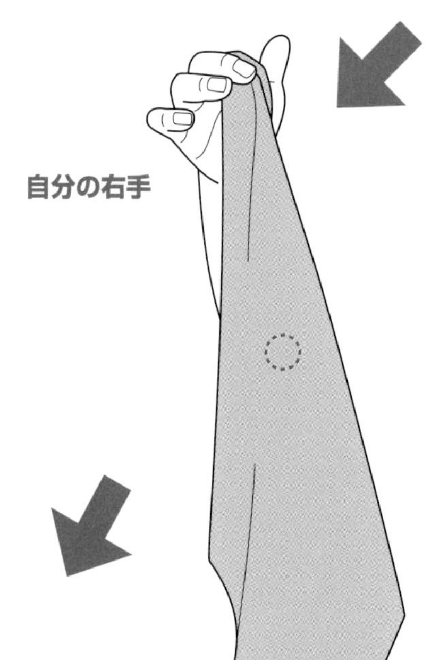

ハンカチの角を持ち上げる

ハンカチの上の角を相手に取ってもらい、それを右手で受け取って持ち上げる。すると両面テープに貼りついた100円玉も一緒に上がる。

ワンポイントアドバイス

「確認」と言って相手にハンカチを押さえてもらうことで、両面テープが100円にしっかりとくっつく。

100円玉を手で隠す

100円玉は相手から見てハンカチの裏側、相手の死角に貼り付いている。ハンカチを広げるふりをしながら、左手で100円玉を隠し、回収する。

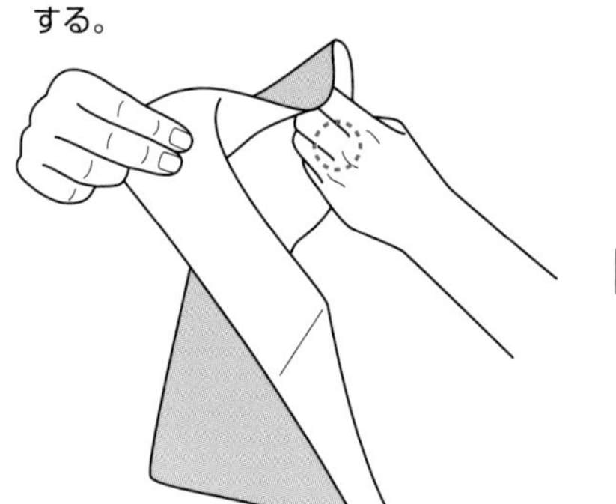

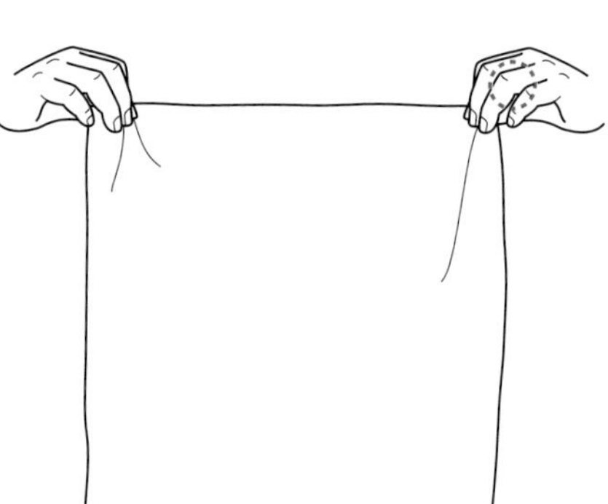

Magic : 13 レベル 2：少し練習

500円玉が破けてしまう !?

紙に包んだ500円玉、
確かに中にありますね

触って確かめて下さい

ところが
ビリビリに
破れて
しまいます

500円玉を包んだ紙を中身ごと破ってしまう !?

500円玉を包んだ紙が目の前でびりびりに破けてしまう、インパクト大のマジックです。タネは紙の折り曲げ方。途中でフタをしているように見えますが、実は口が空いていて、破く直前に抜き取っているのです。手順さえ覚えれば、すぐに実践可能。ゆっくりとした動作でできる、簡単なマジックの１つです。下に記載している紙のサイズは500円玉にあわせていますので、メモ紙やノートなどを切って準備しておきましょう。

500円玉（１つ）

紙（10 × 12cm くらい）

シャープペンシル（または鉛筆）

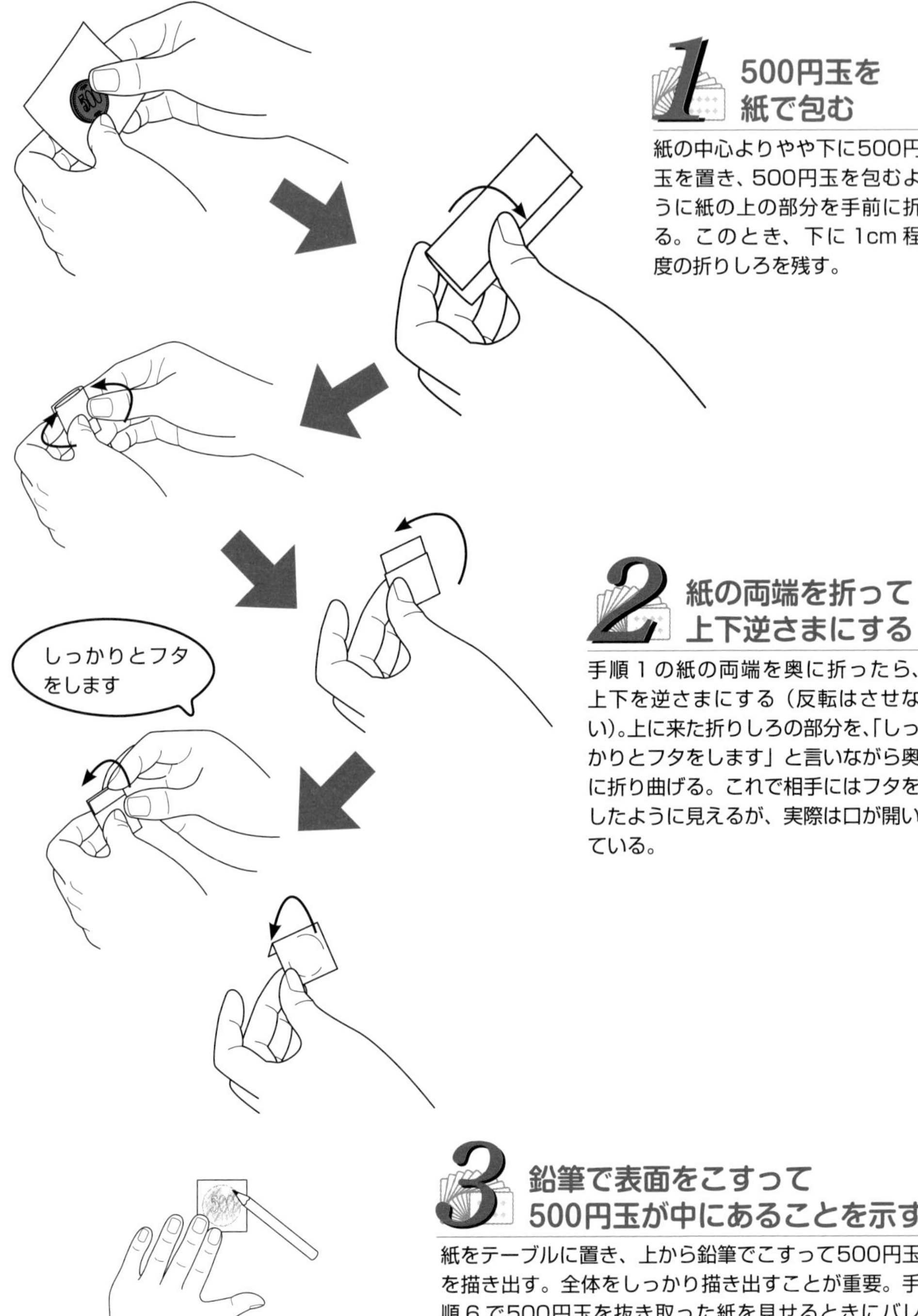

1 500円玉を紙で包む

紙の中心よりやや下に500円玉を置き、500円玉を包むように紙の上の部分を手前に折る。このとき、下に1cm程度の折りしろを残す。

2 紙の両端を折って上下逆さまにする

手順1の紙の両端を奥に折ったら、上下を逆さまにする（反転はさせない)。上に来た折りしろの部分を、「しっかりとフタをします」と言いながら奥に折り曲げる。これで相手にはフタをしたように見えるが、実際は口が開いている。

3 鉛筆で表面をこすって500円玉が中にあることを示す

紙をテーブルに置き、上から鉛筆でこすって500円玉を描き出す。全体をしっかり描き出すことが重要。手順6で500円玉を抜き取った紙を見せるときにバレにくくなる。

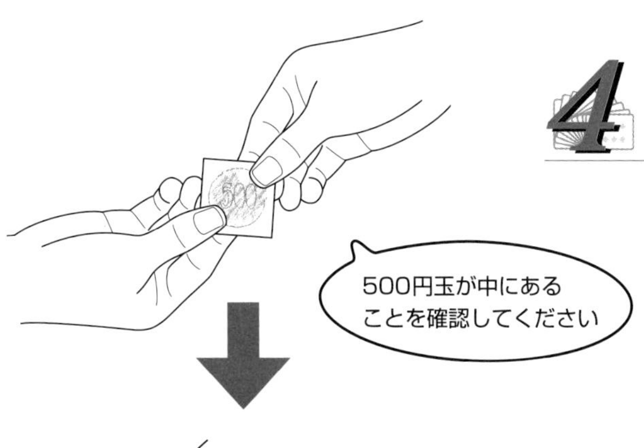
500円玉が中にある
ことを確認してください

4 フタの部分を持ち相手に触らせる

折りしろのある口の部分を持って紙を持ち上げる。相手に紙をつまんでもらい、500円玉が入っていることを確認してもらう。

5 紙を手前に倒しながら両端を押して、500円玉を手の中に落とす

口が下を向くように紙を倒して、そのまま紙の両端を軽く押す。すると中から500円玉が落ちてくるので、それを相手に見えないように受け取る。500円玉はそのまま手の中に隠し持っておく。

500円玉が入っていますね

6 紙を持ち換えながら手の中にある500円玉を膝の上に落とす

紙を反対の手に持ち替えて、相手の目の高さに掲げて「500円玉が入っていますね」などと言い、相手の視線を紙に引きつける。そのスキに隠し持っている500円玉を、自分の膝のうえに落とす。

7 ゆっくりと紙を破る

そのまま紙をバラバラに破る。

Magic：14　レベル２：少し練習

ハンカチから次々にコインが！

タネも仕掛けもない
ハンカチですが…

おまじないを
かけると…

中からコインが
出てきます！

ハンカチから次々にコインが出現する！

手にかぶせたハンカチをめくるとコインが出現、それをめくるとまた出現、もう一度めくるとまた出現！　４枚のコインが次々と現れる連続マジックです。トリックは、**あらかじめ４枚のコインを隠し持っておくこと**。ハンカチを持つため、コインを手の中に隠し持つテクニックを必要としません。リズミカルに次々と行うことで相手に与えるインパクトが増しますので、スムーズにできるように練習しましょう。

必要な道具

500

ハーフダラーコイン、
または500円玉（４枚）

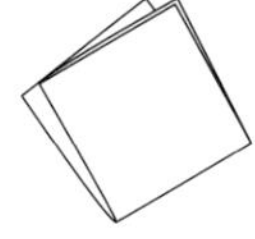

ハンカチ（１枚）

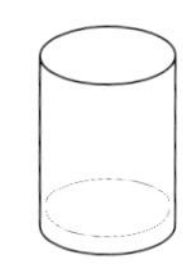

グラス（１つ）

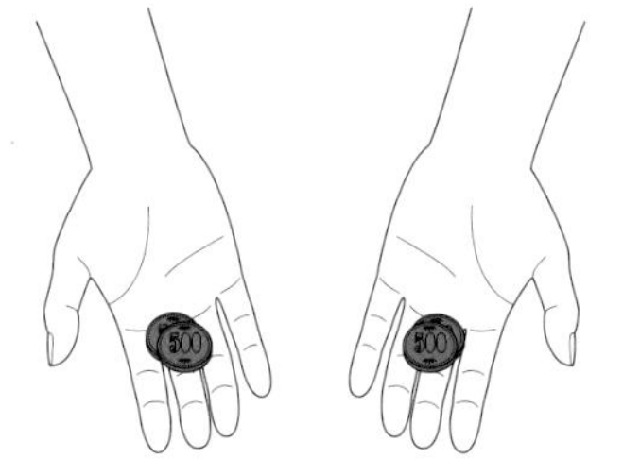

手の中にコインを仕込む

両手にコインを2枚ずつ隠し持つ。中指と薬指、小指で包むのがコツ。

ハンカチを片手にかぶせる

親指と人差し指でハンカチを広げて相手に見せる。そして、ハンカチを左手にかぶせる。この時、手の中に隠し持ったコインの1枚を親指で押し出す。

自分から見た図

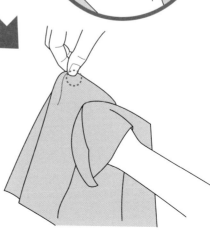

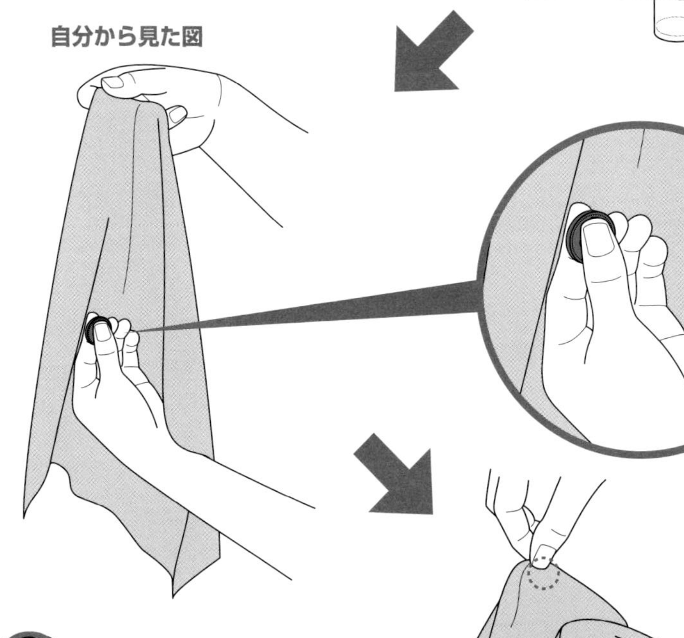

ハンカチを反対の手に持ち換える

右手でハンカチの中央部分を、手順1で左手が押し出したコインと一緒につかむ。

3 コインを出す

持ち換えたハンカチをめくって、左手に隠し持っていた１枚目のコインを出す。

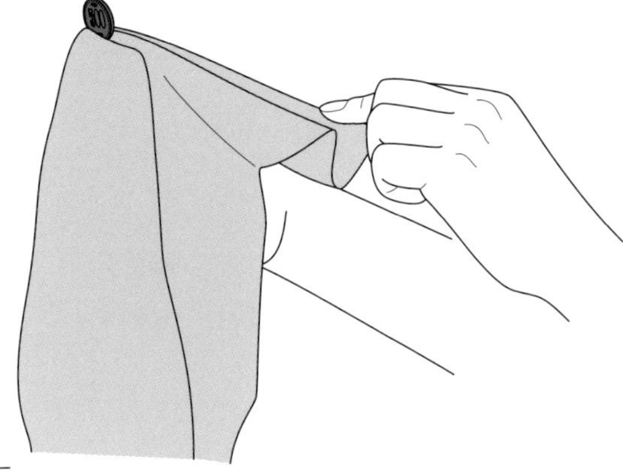

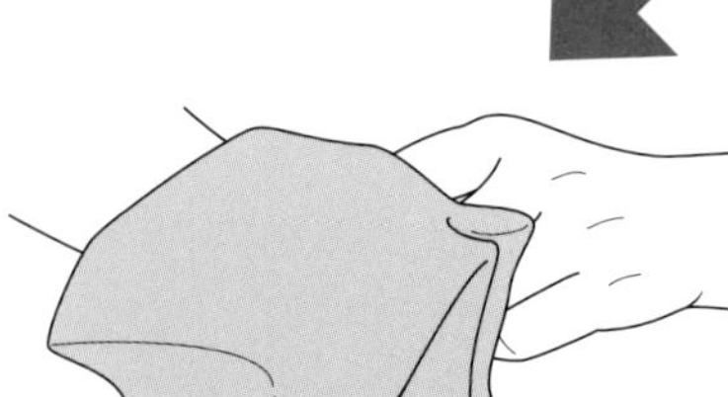

4 コインをグラスに落とす

出現した１枚目のコインをグラスに落とすと同時に、右手に隠し持っているコインを１枚を、手順２と同じように親指で押し出す。

5 再度ハンカチを持ち換える

左手でハンカチの中央部分を、手順４で右手が押し出したコインと一緒につかむ。ハンカチをめくって２枚目のコインを出す。

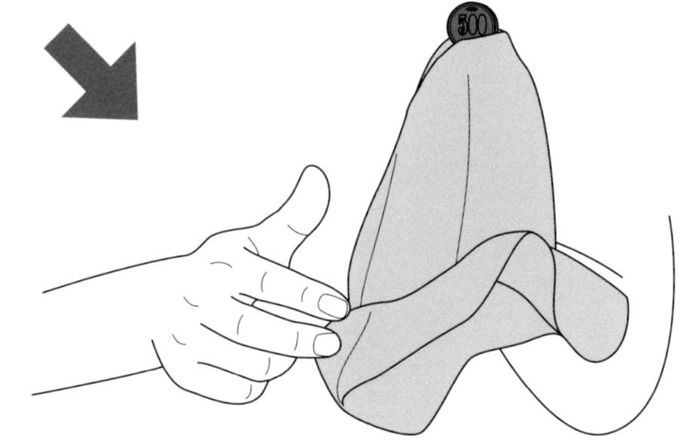

6 ４枚のコインを出してハンカチを広げる

手順２～５を繰り返して、４枚連続で出現させる。最後にハンカチを開いて仕掛けがないことを示してフィニッシュ。このマジックはもし４枚のコインを隠し持つのが難しければ、２枚でもOK。

Magic：15 レベル1：かんたん！

少人数向け

包んだお金が高くなる！

10円玉を
ハンカチで
包みます

確かに入って
いますね？
はい
チャリ
チャリ

広げると…
100円玉に
変わって
しまいました
僕の10円も
変えて下さい！

ハンカチの裏表がタネ

10円玉を２枚を包んで袋状にしたハンカチを開くと、100円玉２枚に。**このマジックはハンカチの裏と表を利用している**ので、コインを隠し持ったり、差し替えたりする技術は必要ありません。ポイントはコインを２枚ずつ使うこと。100円玉を隠したハンカチの上に10円玉を置くと当然音が鳴りますが、２枚使うことで相手は「今の音は10円２枚があたったもの」と思います。このように 音で錯覚させるマジックは数多くあります。

必要な道具

ハンカチ（1枚）

10円玉（2枚）

100円玉（2枚）

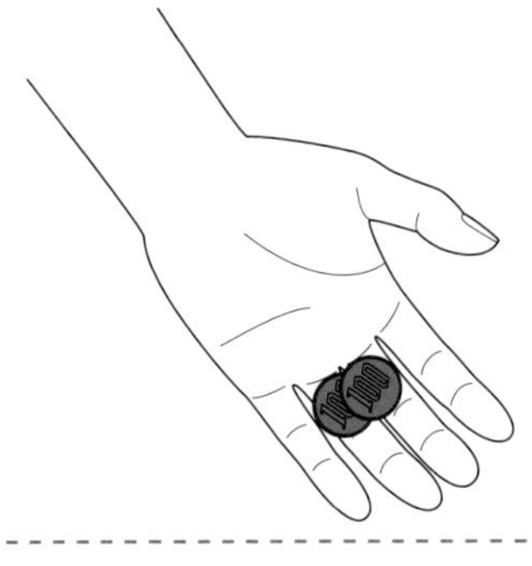

準備　100円玉を手の中に隠し持つ

あらかじめ100円玉２枚を中指と薬指で隠し持った左手の上にハンカチをかぶせる。ハンカチの中央が100円玉２枚の上にくるようにする。

1　ハンカチの上に10円玉を２枚置く

ハンカチの中央、ちょうど下に100円玉がある部分に10円玉を２枚置く。なお、10円玉を２枚使っているので、音が鳴っても下に100円玉を仕込んでいることをごまかせる。

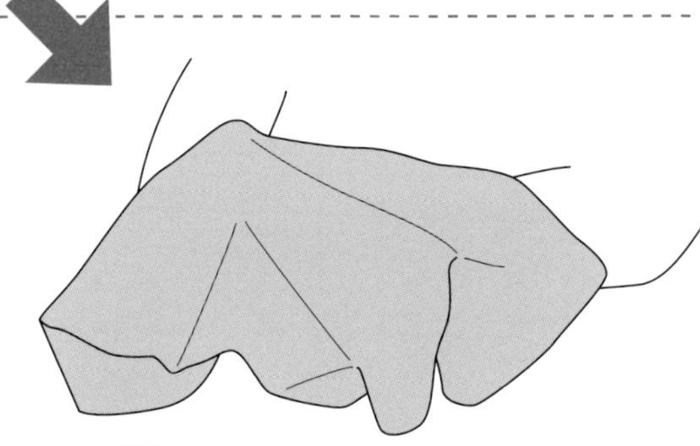

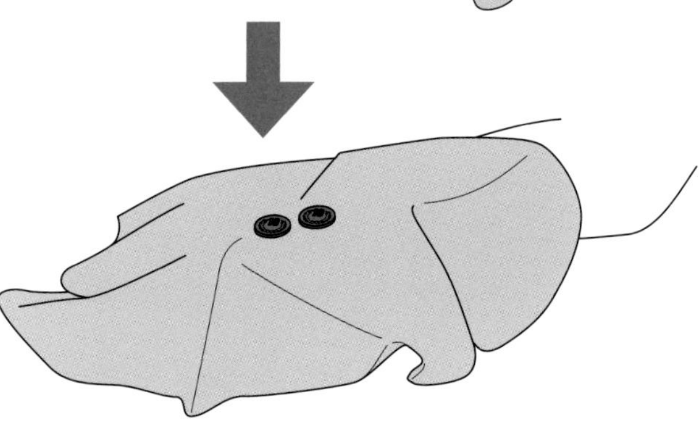

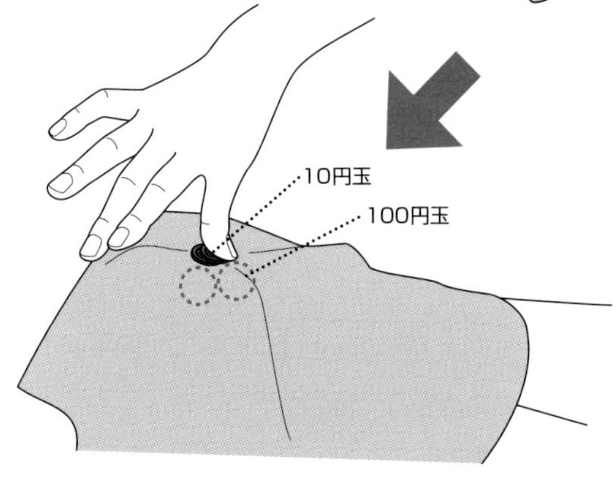

2　10円玉と一緒に100円玉もつかむ

右手の親指を10円玉に押し当てて、ハンカチの上の10円玉２枚とハンカチの下の100円玉２枚、合計４枚のコインをつかむ。

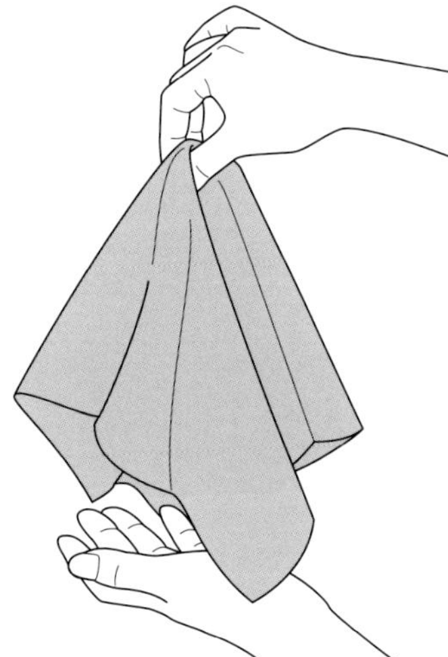

3 ハンカチを持ち上げる

ハンカチごとコインを持ち上げる。このとき、手の中には10円玉２枚、ハンカチ、100円玉２枚がある状態。

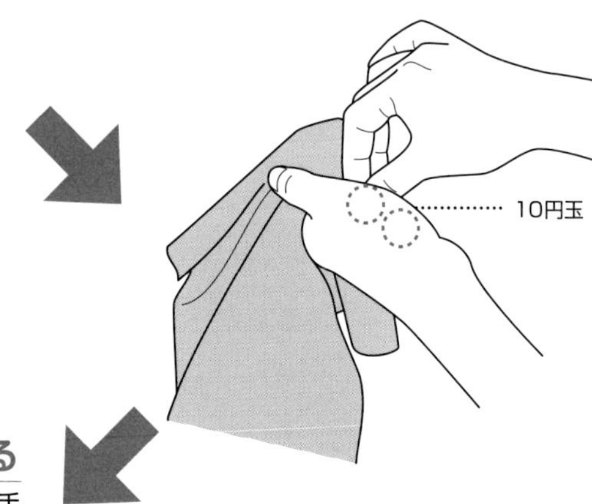

4 ハンカチを持ち換える

右手でつかんだハンカチと10円玉を左手の平に置く。このとき、10円玉を置いたことは相手にわからないように。

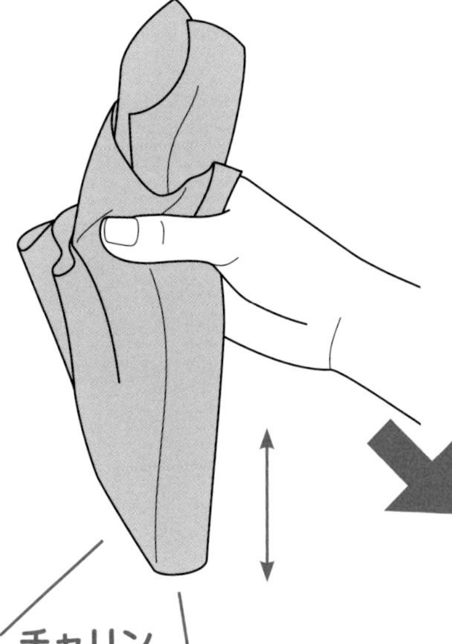

5 ハンカチを持ち上げて中身を見せる

ハンカチの中身をこぼさないように右手で持ち上げたら、ハンカチをテーブルの上で開く。手順１でハンカチの中にあった10円玉２枚が100円玉２枚に変わったように見える。

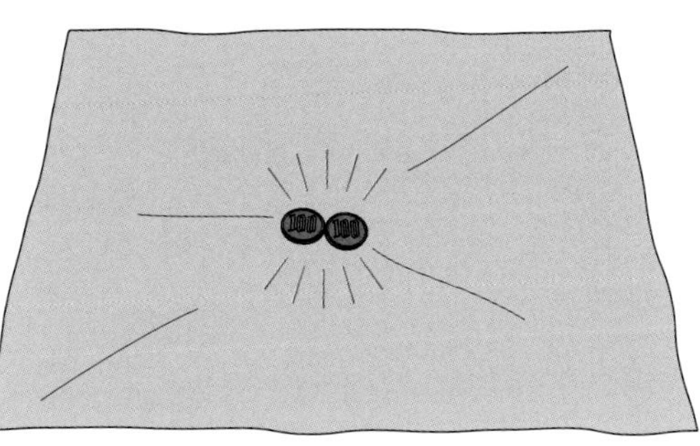

Magic：16 レベル２：少し練習

少人数向け

折りたたんだ千円札の中から500円玉が出現！

ふつうの
千円札です

このお札を
たたむと…

中からなんと
500円玉が！
私にも
出して！

500円玉の移動のタイミングがカギ

千円札の中から500円玉が出てくるという、ちょっとうれしいマジックです。まず、お札を両手で広げて相手によく見せ、仕掛けがないことをアピールします。次にお札を３つに折り畳みます。畳まれたお札におまじないをかけると、中から500円玉がポロリ。このマジックは、**親指に仕込んだ500円玉をスムーズにお札の中に移動させるのがポイントです。**お札の折り方の順番も間違えないよう気をつけましょう。

必要な道具

千円札（１枚）

500円玉（１枚）

500円玉を手の中に隠し持つ

あらかじめ500円玉を手の中、中指と薬指の裏あたりで隠し持っておく。

相手に千円札を見せる時裏側に500円玉を持っておく

千円札を広げて見せるタイミングで、手の中に隠した500円玉を千円札の裏に移動させ、親指で押さえておく。

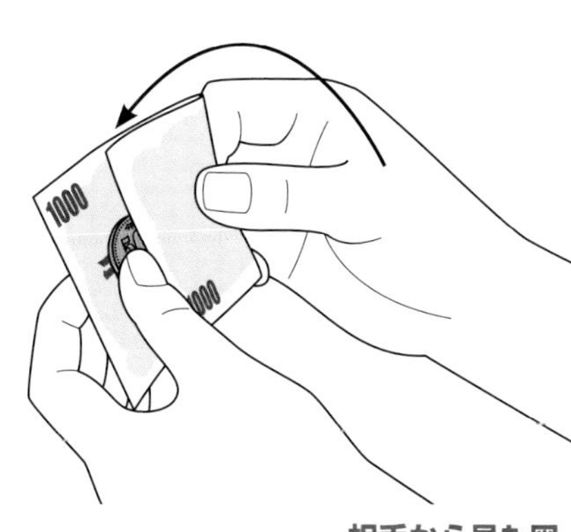

千円札の 1/3 程度を折ってその中に500円玉を入れる

相手から見えないよう、折りながら中に仕込んでいく。500円玉を押さえている側にはみ出すよう折って、その中に500円玉をスライドさせて入れる。

相手から見た図

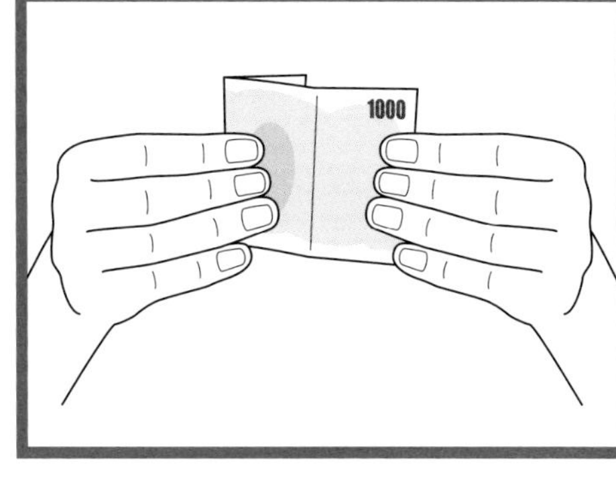

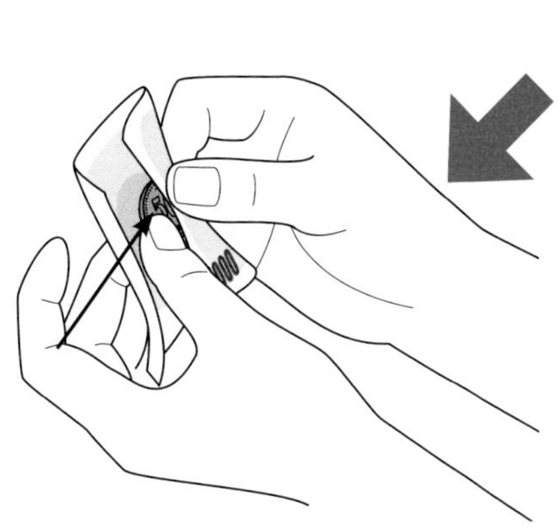

3 千円札を相手に見せて反対側も折りたたむ

千円札を裏返しながら、500円玉が見えないよう、３つ折りにする。最後に500円玉から指を離せば、硬貨が現れたように見える。

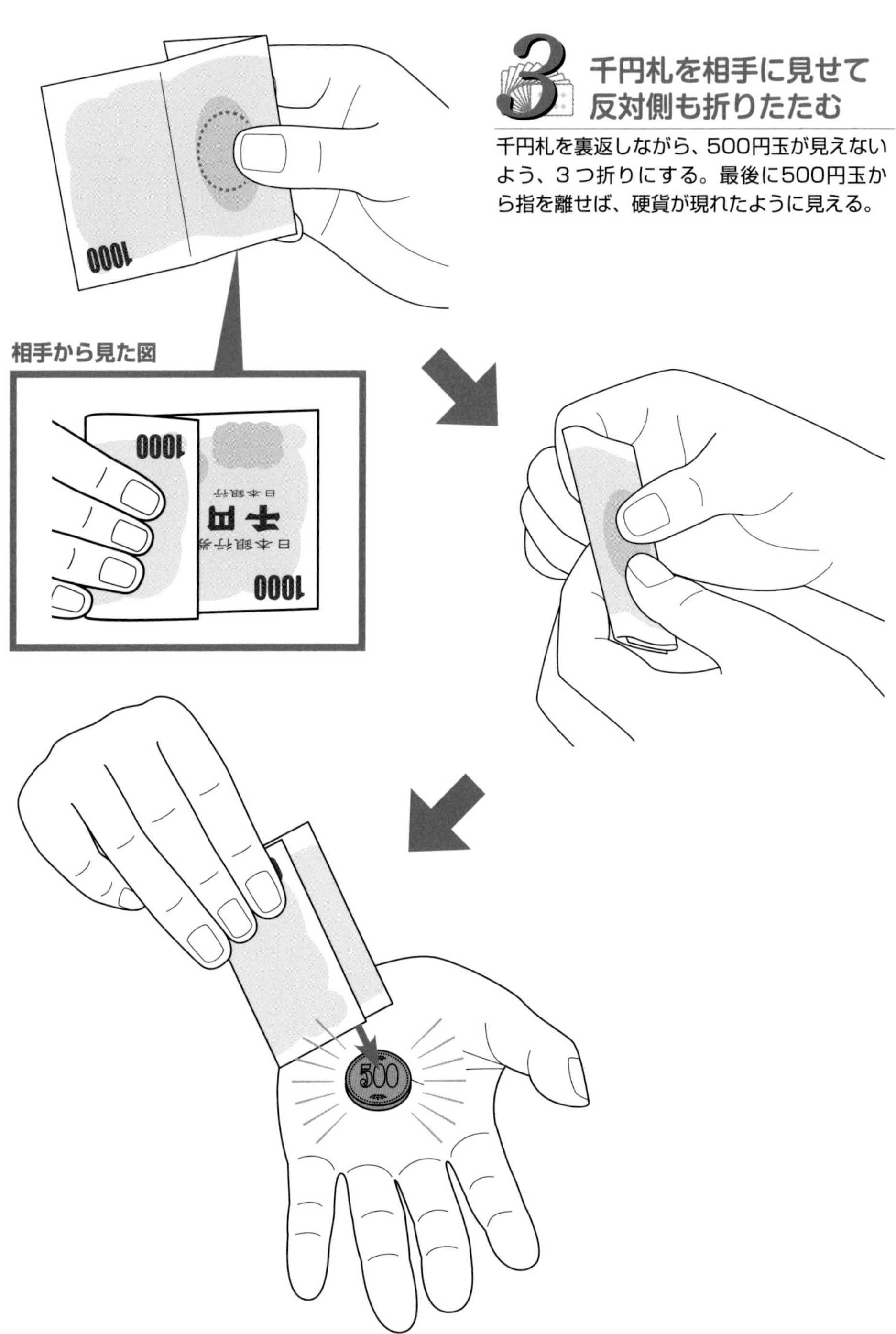

Magic:17　レベル1：かんたん！

封筒に包んだ千円札が消えた！

開いてみると千円札が消えてしまいました

裏にくっついた4つめの封筒がトリック

三重の封筒に千円札を包み、それを開くと…中にあるはずの千円札が消える、というマジック。**タネは封筒に施された仕掛けで、千円札を包む2つめの封筒の裏には、もうひとつ別の封筒がついています**。封筒を折りたたむ際にひっくり返すことで中身のない封筒が上になるので、再び開いた時に3つめの封筒が消えたように見えるのです。相手が誕生日なら裏の封筒にバースデーカードを仕込んでおけば、千円札がバースデーカードに変身するマジックにもなります。

千円札（1枚）

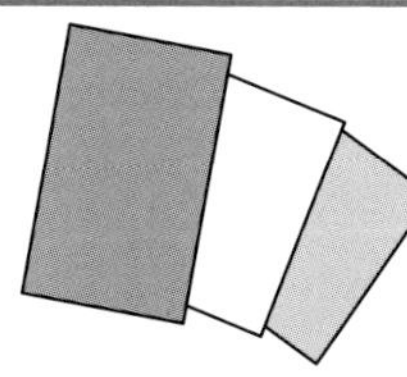

封筒
（大×1、中×2、小×2）

解説で使用している紙のサイズ
大：26.4×32cm
中：21.4×27.9cm
小：20.2×24cm

準備1 3種類の封筒を用意する

千円札を包むための、3種類（5枚…大1枚、中2枚、小2枚）の封筒を用意する。3種類は異なる色で作ると違いがわかりやすい。なお、中2枚と小2枚は必ず同じ色の紙で作ること。まずは、3種類（大きさはP53の「必要な道具」を参照）の紙で封筒を作る。折り方は以下の通り。

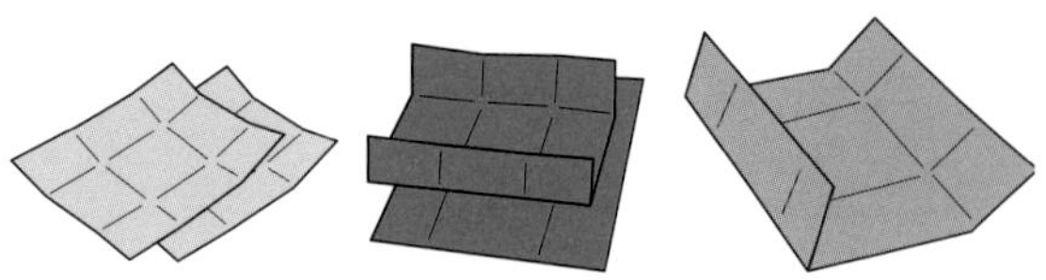

封筒の折り方

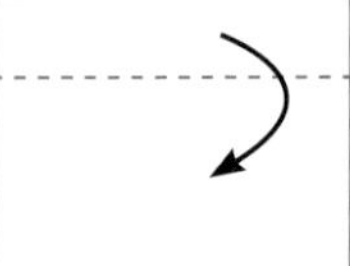

①紙の上1/4程度を下に折る。

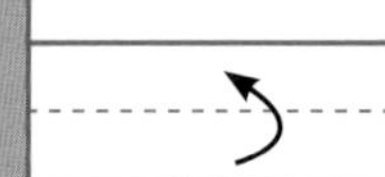

②紙の下1/3程度を上に折る。上と折る幅が違うのは、折りたたんだとき封筒の向きを確認できるようにするため。

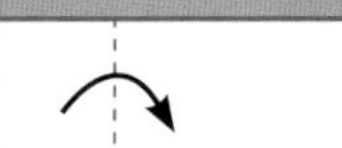

③左側を1/3程度折る。

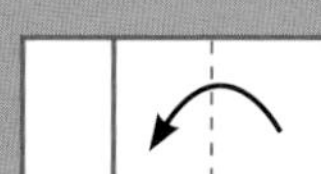

④最後に、右側を1/3程度折る。

準備2 仕掛け封筒を作る

2枚の中サイズの封筒を、下図のように貼り付ける。

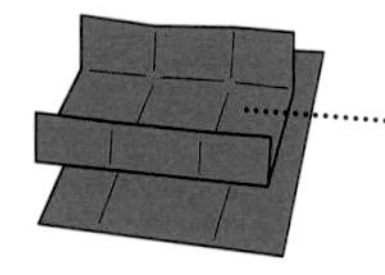

2枚の封筒が背中合わせになるように、中央部だけを貼り付ける

準備3 3種類の封筒を包む

3種類の封筒を下図の通りに包む。まず2枚の小封筒を、準備2で貼り合わせた2枚の中封筒それぞれ包む。その中封筒を大封筒に包めば準備完了。

小封筒の中には何も入れない。たたんだ状態で中封筒の中に入れる

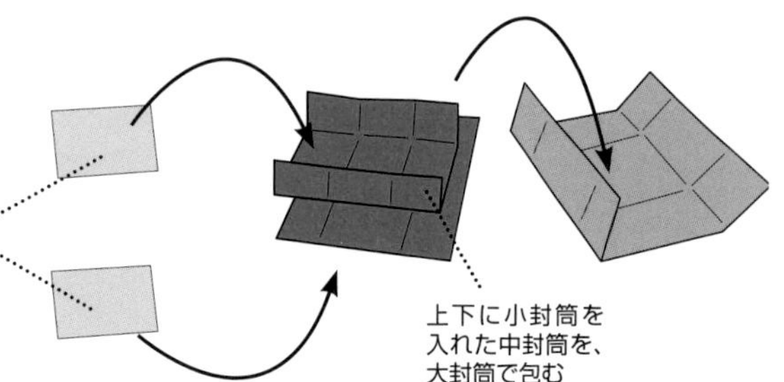
上下に小封筒を
入れた中封筒を、
大封筒で包む

相手に封筒を開いて中を見せる

まず最初に、相手に封筒の仕組みを理解してもらうために封筒を目の前で開く。封筒の中には何も入っていない。

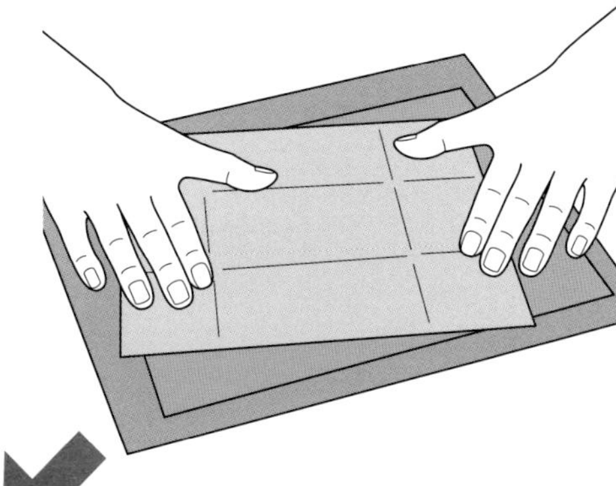

3 枚の封筒を使って千円札を三重に包む

一番中の小封筒に折りたたんだ千円札を入れて、元通りにたたむ。そしてそれを中封筒で包む。

仕掛けのある封筒をたたむ時さりげなく裏返す

仕掛けのある真ん中の封筒をたたんだ後、さりげなく裏返して何も入っていない方の包みを上にしておく。

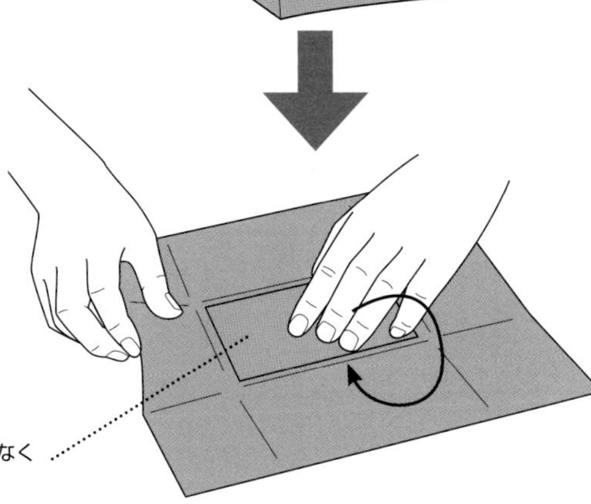

コイン
お札
カード
スプーン
ひも
新聞紙
ハンカチ
ダイス
マッチ
ストロー
紙
その他

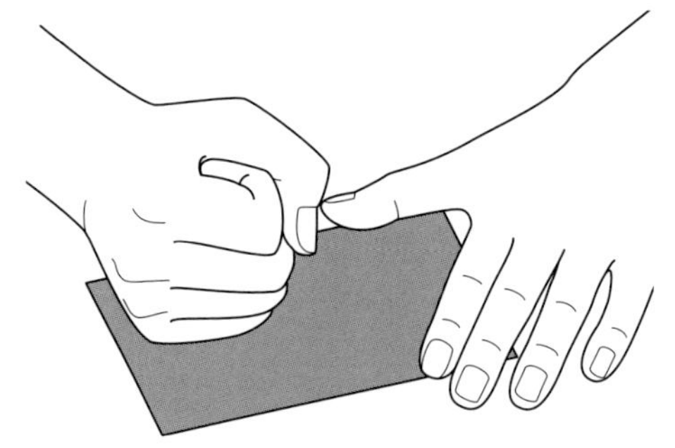

4 封筒をたたんだら おまじないをかける

3つの封筒をたたんだら、こするなどしておまじないをかけるふりをする。そして封筒を開いていく。

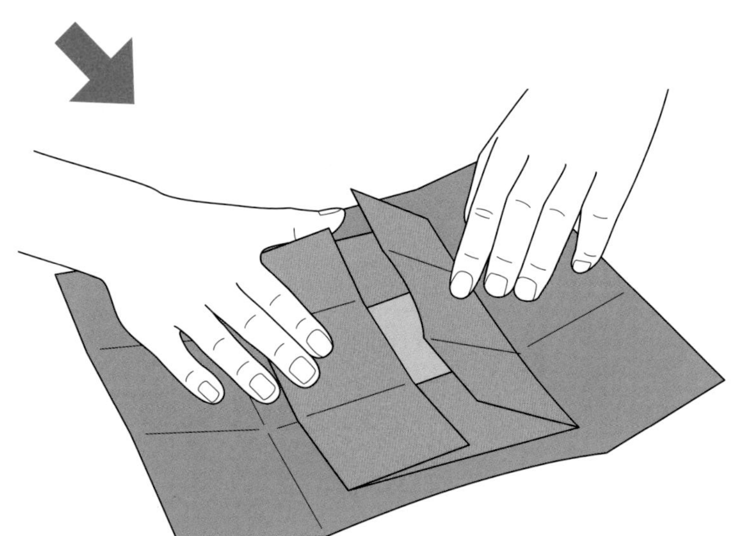

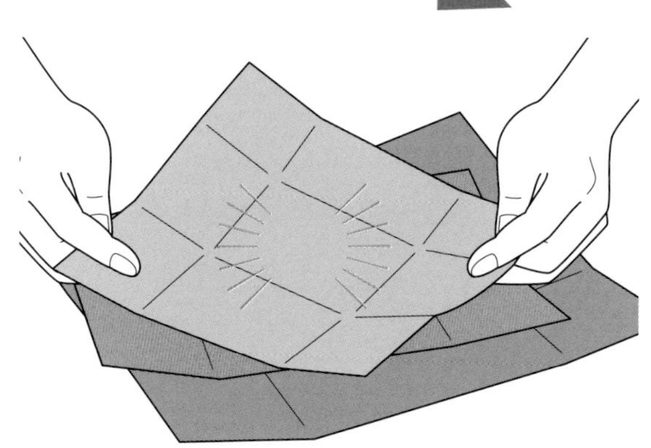

5 中も入っていない側の封筒の中を見せる

手順3で仕掛けのある封筒を裏返したので、そのまま封筒を順番に開いていくと、一番内側の封筒の中には何も入っていない。

Magic：18　レベル 1：かんたん！

少人数向け

子どもにウケる

お札がフワフワ宙に浮く！

手のひらに
重ねたお札に
パワーを
送ると…

なんと！
お札が
浮きました！
? ?
?

相手に見せる角度に注意

2 枚のお札を相手に見せ、何の仕掛けもないことをアピールします。それを手の平の上で十字に重ねます。そして片手をかざしてパワーを送り込むと、上のお札が浮き上がりますが、下のお札は自由に動かせます。**これはお札の裏に貼り付けたプラスチックの板がタネで、それを曲げてお札を浮かせているのです。** 相手にお札の横や下から見られると仕掛けがバレてしまうので、相手に見せる角度に気をつけましょう。

必要な道具

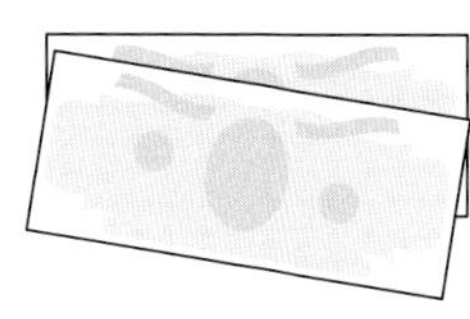

お札（2 枚）
プラスチックの板（1 枚）のお札の裏面に貼り付ける。薄くてやわらかい透明なもの(縦 10cm、横 3cm 程度)

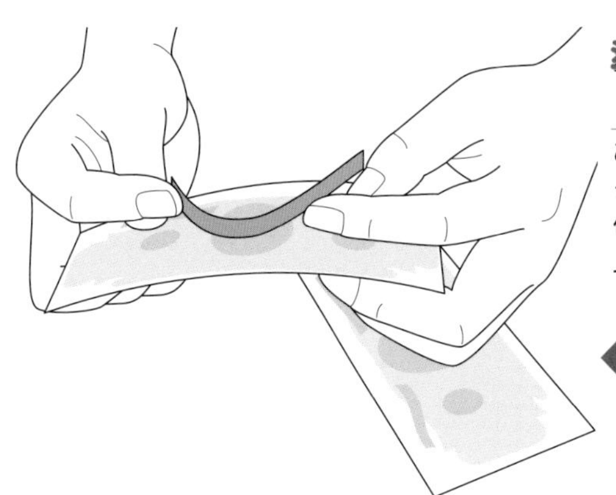

準備　お札の裏に透明なプラスチックの板を貼る

あらかじめお札の裏側の真ん中に、プラスチックの板の真ん中部分を貼り付けておく。親指の付け根と中指で板に力を加えることで、お札が上下するように。

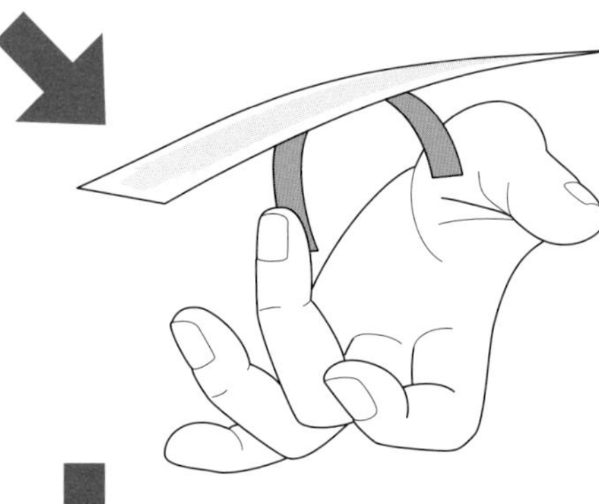

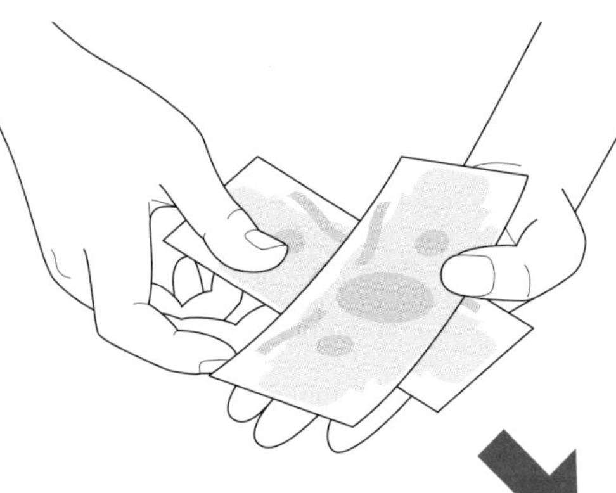

1　2枚のお札を交差させて上のお札を浮かせる

プラスチック板を付けた方のお札を上に、普通のお札を下にくるように交差させる。親指の付け根と中指ではさんだプラスチックの板で上のお札を浮かせたら、下のお札をスライドさせて、仕込みがないことを強調する。

ワンポイントアドバイス

このタネはお札の横から見られるとバレやすい。そのため、相手がお札を上から見下ろす形になるように見せるのがポイント。

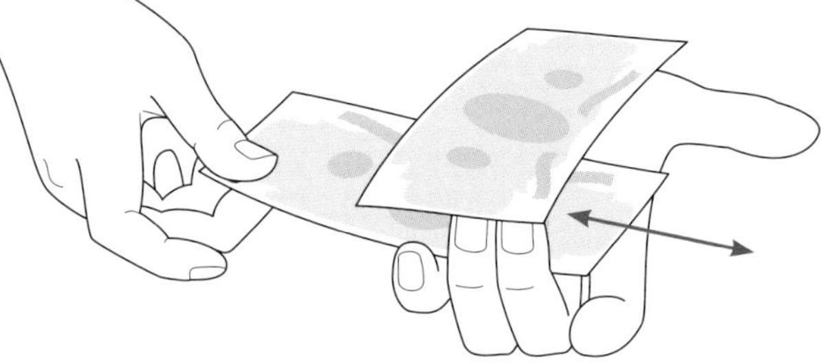

Magic：19　レベル２：少し練習

準備体操をしていたら千円札が出現！

手品の前に手の準備運動をします

しっかり準備できたら

腕時計への仕込みがバレないように

「疲れたので、手のストレッチをします」や、「マジックには準備体操が必要です」などと告げて、手首をブラブラさせたり、指の関節を曲げたり、手首を伸ばしたりと、一通り手を動かします。最後にパンと手を叩くと、何もなかったはずの手の平の中からお札が出てくる、というマジックです。**あらかじめ腕時計のバンド部分に仕込んだお札がトリックです。**このマジックは手首の内側が見えるとバレてしまうので、腕を上げる高さや角度に気を配りましょう。

千円札（1 枚）

腕時計
バンド部分の内側にたたんだお札を仕込んでおくので、太めのバンドが望ましい

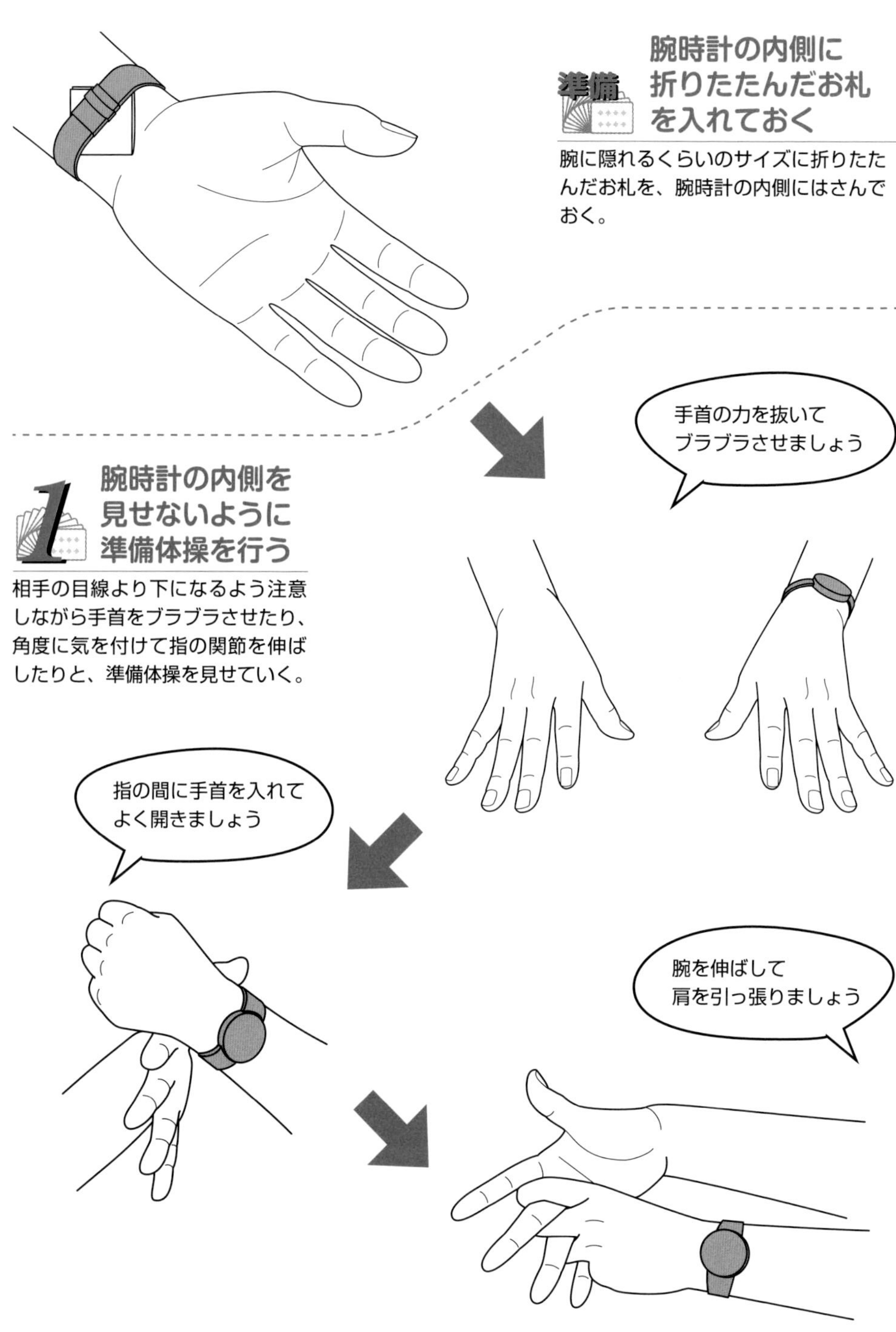

手首の力を抜いて
ブラブラさせましょう
指の間に手首を入れて
よく開きましょう
腕を伸ばして
肩を引っ張りましょう

準備 腕時計の内側に折りたたんだお札を入れておく

腕に隠れるくらいのサイズに折りたたんだお札を、腕時計の内側にはさんでおく。

1 腕時計の内側を見せないように準備体操を行う

相手の目線より下になるよう注意しながら手首をブラブラさせたり、角度に気を付けて指の関節を伸ばしたりと、準備体操を見せていく。

組んだ手の内側で腕時計からお札を抜き取る

腕を伸ばす動作から両手を組み、親指と人差し指を使って腕時計からお札を抜き取る。そのまま、開いた手の親指で抑えておく。

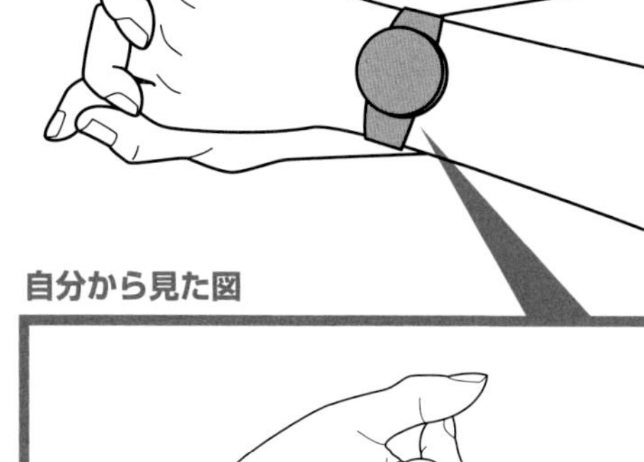

自分から見た図

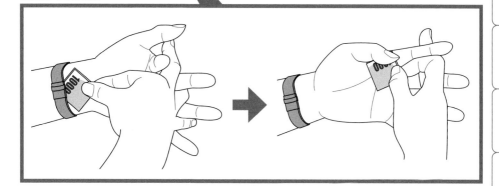

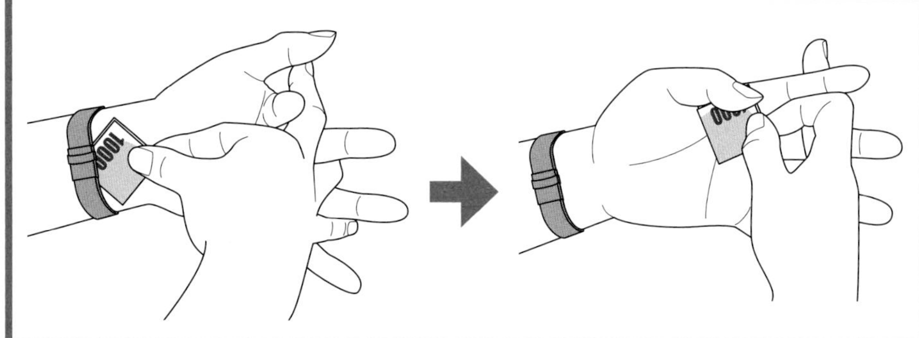

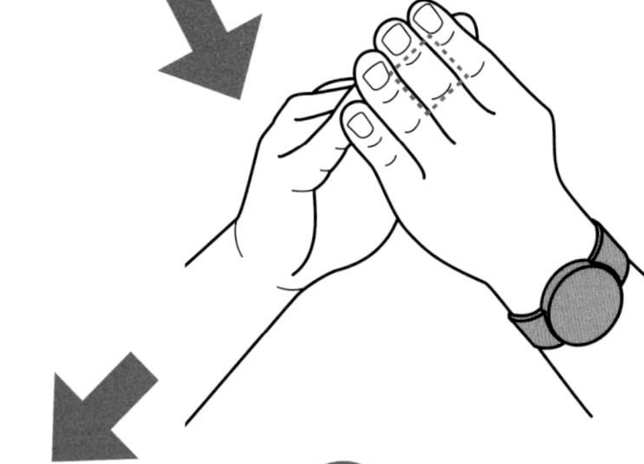

ワンポイントアドバイス

このマジックは手首にタネを仕込むので、長袖の方がバレにくい。

手を叩いてお札を相手に見せる

お札を持ったまま両手を叩き、手の中に隠したお札を取りだして開く。相手には突然お札が現れたように見える。

Magic：20 レベル1：かんたん！

二人が必ず同じ数字を選んでしまう!?

2つの山に分けたカードをお互いに後ろに持ち、
好きなカードを1枚選んでください

1枚交換して、
元の山に逆向きに入れてください
もう1枚、
同じように交換しましょう
!
同じ数を交換しましたね

相手に出す指示とは違う動作をするのがトリック

1組のトランプを2つに分け、2人向き合って背後に持ちます。そのまま山から好きなカードを1枚選び、数字を見ないように2枚交換すると…なんと2人が選んだカードは同じ数字に！「気が合いますね」と言いたいところですが、**実は4枚のカードは自分が持っていて、そのうち2枚を相手に渡しています**。実は自分は指示とは違う動作を行っているのです。相手に協力してもらうマジックの重要なトリックです。

トランプ（1セット）

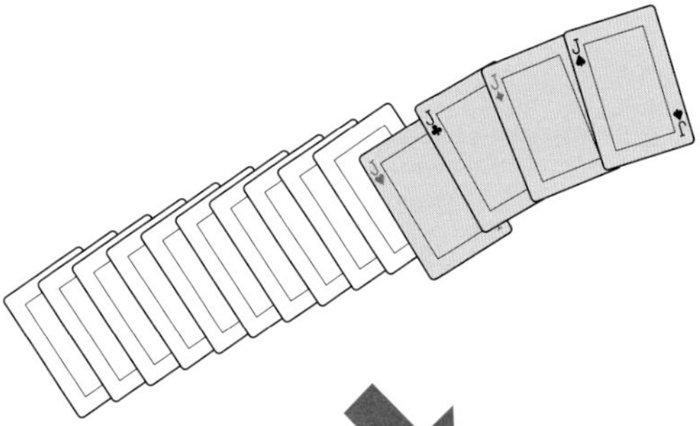

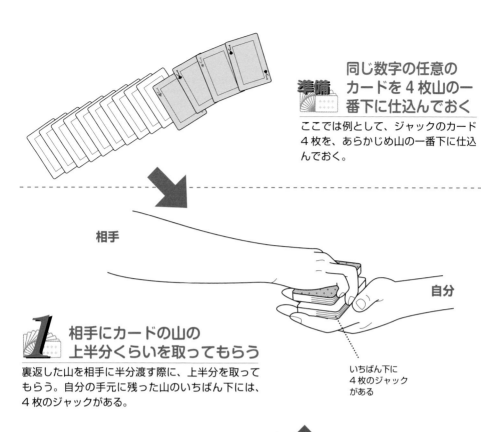

準備　同じ数字の任意のカードを4枚山の一番下に仕込んでおく

ここでは例として、ジャックのカード4枚を、あらかじめ山の一番下に仕込んでおく。

相手

自分

いちばん下に
4枚のジャック
がある

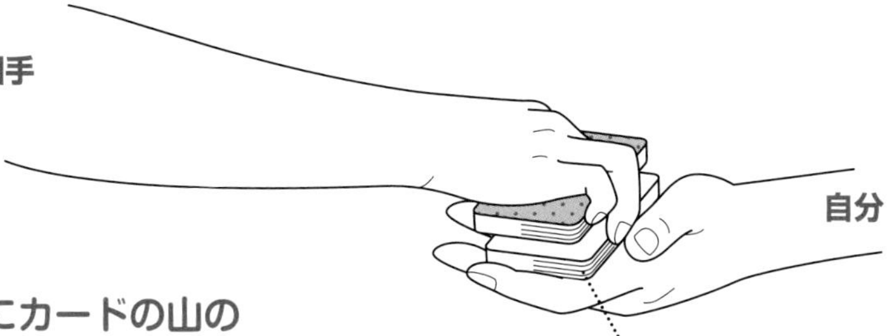

1 相手にカードの山の上半分くらいを取ってもらう

裏返した山を相手に半分渡す際に、上半分を取ってもらう。自分の手元に残った山のいちばん下には、4枚のジャックがある。

2 相手と1枚交換する際仕込んだカードを渡す

後ろ手にしたカードから互いに好きなカードを1枚選んで交換する。その際、自分は真ん中ではなく、一番下に仕込んだジャックのカードを渡すようにする。

自分の手元

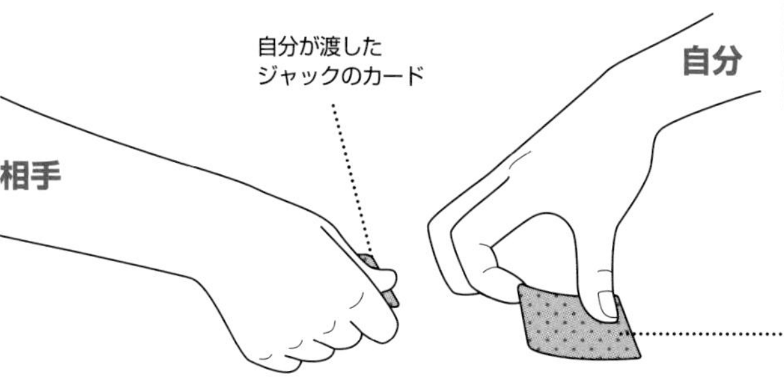

コイン
お札
カード
スプーン
ひも
新聞紙
ハンカチ
ダイス
マッチ
ストロー
紙
その他

相手の手元

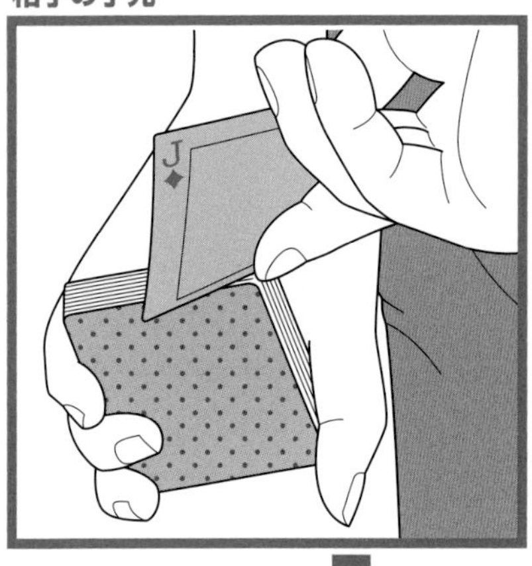

3 相手には渡したカードを裏返して山に入れてもらう

交換したカードを山に戻す際、相手には「表が上になるよう、裏返して入れてください」と告げる。

自分の手元

4 自分は受け取ったカードを向きを揃えて山に入れて一番下のカードを裏返して入れる

自分は受け取ったカードを裏にしたまま、山に戻す。その際、一番下に仕込んだジャックのカードを表向きにして、山の適当な場所に差し込む。手順２～４をもう一度繰り返し、互いに開くと、見事に自分と相手の現れるカードが揃う。

相手から
受け取った
カード

自分の手元

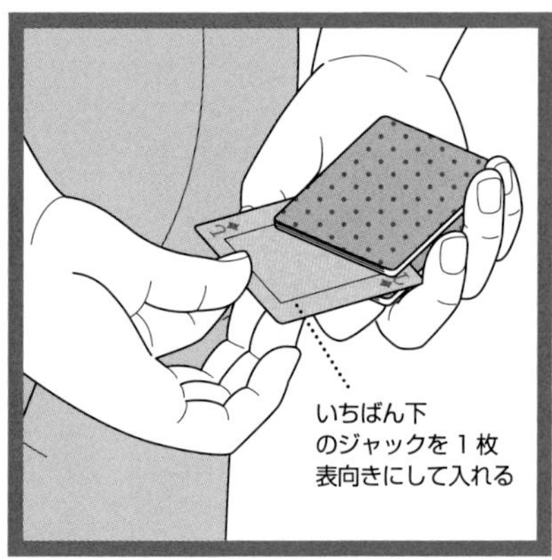
いちばん下
のジャックを１枚
表向きにして入れる

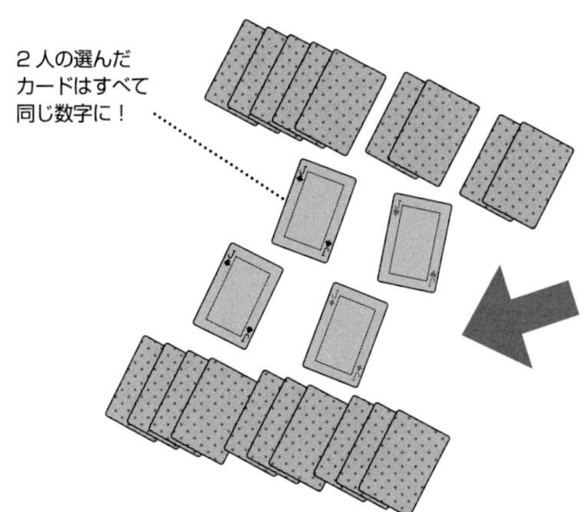
２人の選んだ
カードはすべて
同じ数字に！

Magic：21 レベル1：かんたん！

すべてのキングが集結する「王様のじゅうたん」

キングのKの模様が入った
「王様のじゅうたん」があります

このじゅうたんを
たたんでいきます

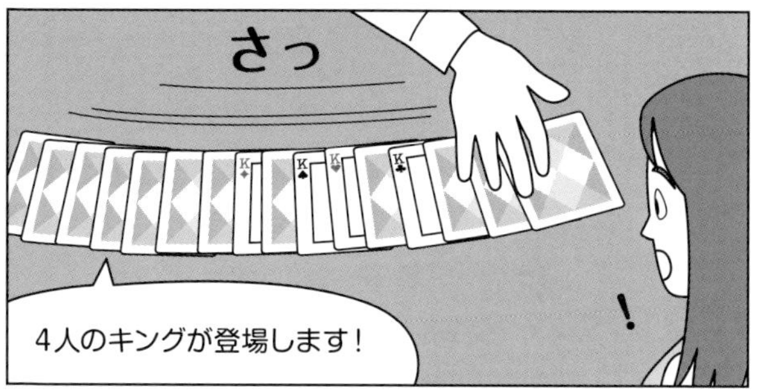

さっ
4人のキングが登場します！
!

カードをどのように重ねても、キングが表に

じゅうたんのように並べた16枚のカードをたたんで1つの山に。それを広げてみると、4枚のキングが姿を現します。キングが潜んでいるから「王様のじゅうたん」と呼ばれるこのマジック。**タネは16枚のうち、決められた場所にキングを仕込んでおくこと。**そして、カードの並べ方とめくり方を間違えなければOKです。たたむ手順は自由なので、相手に指示してもらいましょう。どうたたんでも必ずキングが出現します。

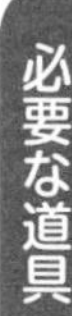

トランプ（1セット）

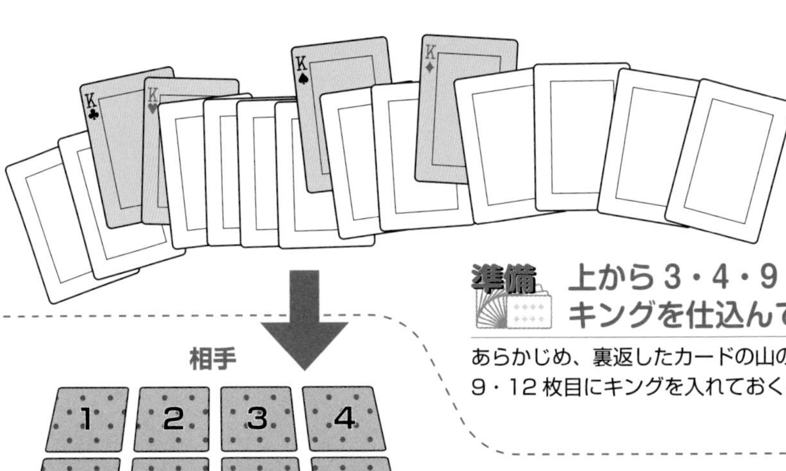

準備　上から３・４・９・12 枚目にキングを仕込んでおく

あらかじめ、裏返したカードの山の上から３・４・９・12 枚目にキングを入れておく。

相手

1 2 3 4
5 6 7 8
9 10 11 12
13 14 15 16

自分

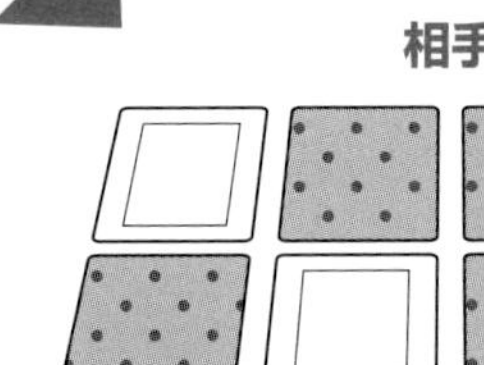

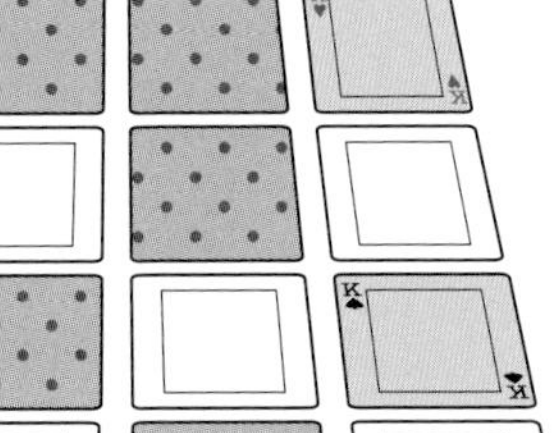

1　カードを横４×縦４に並べてＫの字になるようめくる

自分から見て左上から右に向かって、横４×縦４の並びになるようカードを並べていく。その後、相手から見て「K」の字になるようカードをめくる。

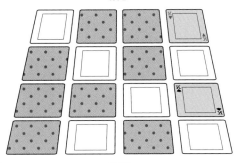

2　並べたカードをじゅうたんに見立てて折りたたんでいく

並べたカードを、相手に指示を出してもらって折りたたんでいく（次ページ「じゅうたんに見立てたカードのたたみ方」参照）。どんなたたみ方でもOK。

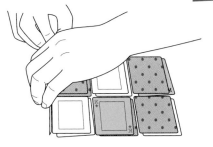

じゅうたんに見立てたカードのたたみ方

並べた16枚のカードをたたむ時は、カード全体を1枚の布として考える。カードの境目が折り目となるので、折り目を基準として、反対側のカードに裏返して重ねればいい。たとえば、縦に半分にたたむなら下の図にようになる。この方法で1つの山になるまでたたむ。

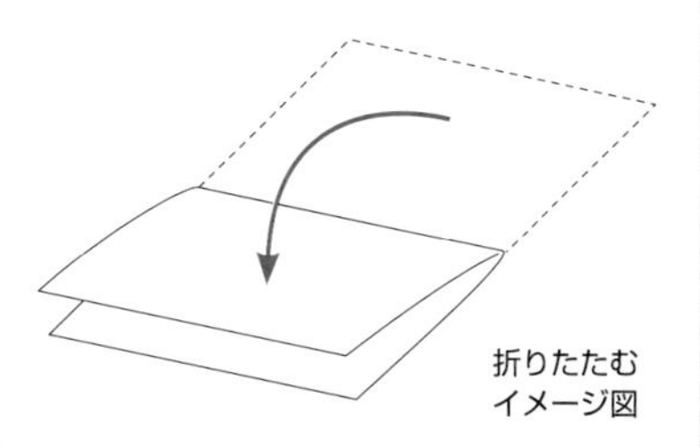

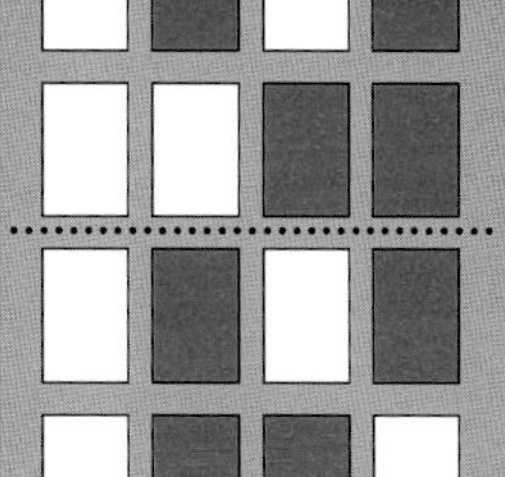

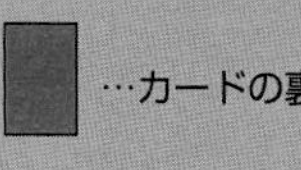

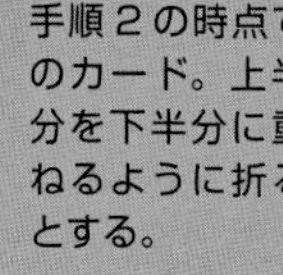

手順2の時点でのカード。上半分を下半分に重ねるように折るとする。

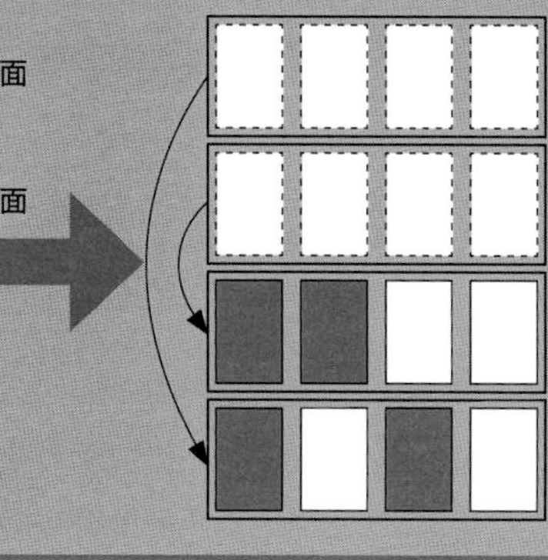

一番奥の列のカードを一番手前の列のカードの上に、奥から2列目のカードを手前から2列目のカードに、それぞれ裏返して重ねる。

3 折りたたんで1つの山にしてカードを展開する

1つになった山を裏を上にして開くと、キングが4枚、表向きに現れる。準備と手順を正しく行えば、どのようなたたみ方をしても必ずキングが表向きになる。

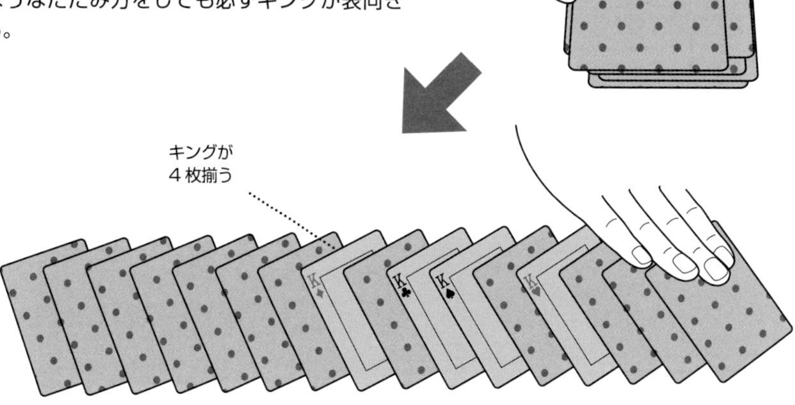

Magic:22 レベル2：少し練習

カードをメモして予言する！

よーく切ってください
13という数字の不思議な力を見るために…

山から13枚のカードをバラバラに置きます

実は予言されていたのです

残ったカードをこちらの指示通りに配ってください…
あなたが最後に配ったカードは…

相手をマジックに引き込む演出が重要

13枚のカードから相手に好きなものを選んでもらいます。出たそれぞれの数字と13を使って導きだされた枚数カードをめくると…あらかじめ予言した数字と同じカードが出てきます。**実はこれは簡単な数字トリック。正しい手順を踏めば、相手がどのカードを選んでも、同じ結果になります**。成功率100%なだけに、大切なのはトークと演出力。「13という数字には不思議な力があります」と、相手を不思議な空間に誘いましょう。

トランプ（1セット）

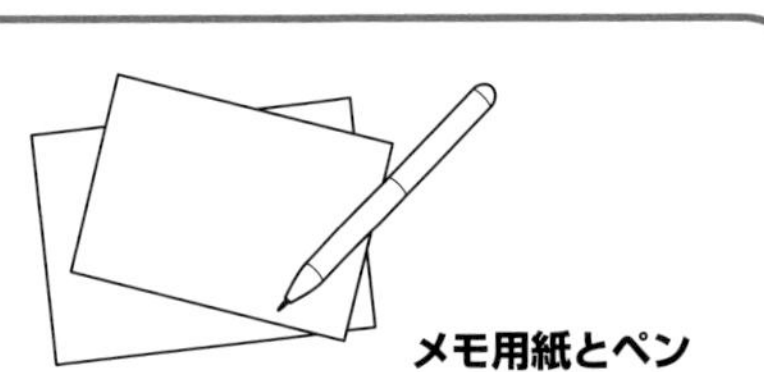
メモ用紙とペン

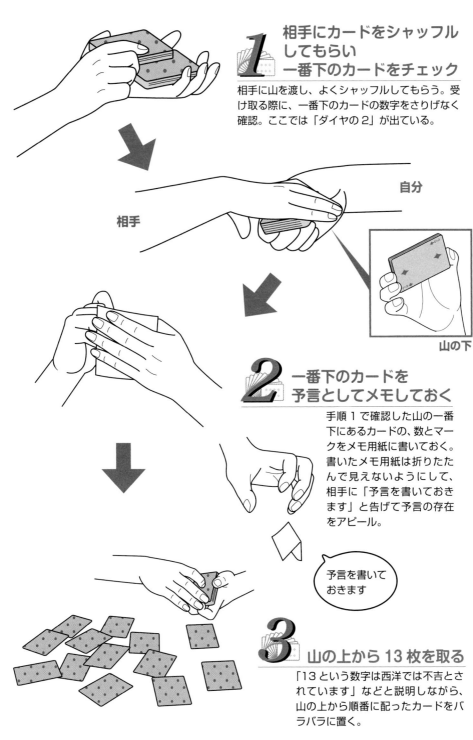

1 相手にカードをシャッフルしてもらい一番下のカードをチェック

相手に山を渡し、よくシャッフルしてもらう。受け取る際に、一番下のカードの数字をさりげなく確認。ここでは「ダイヤの2」が出ている。

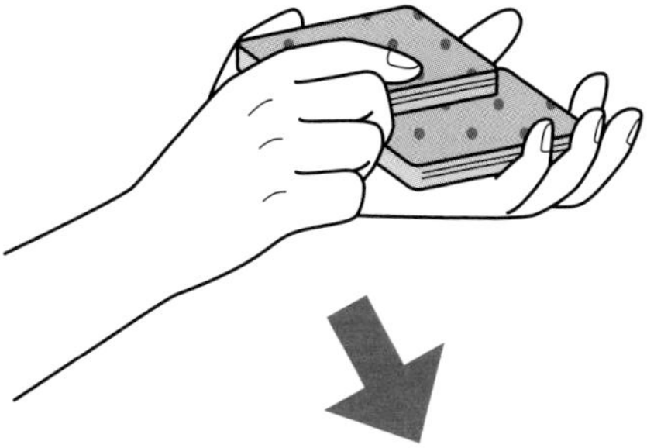

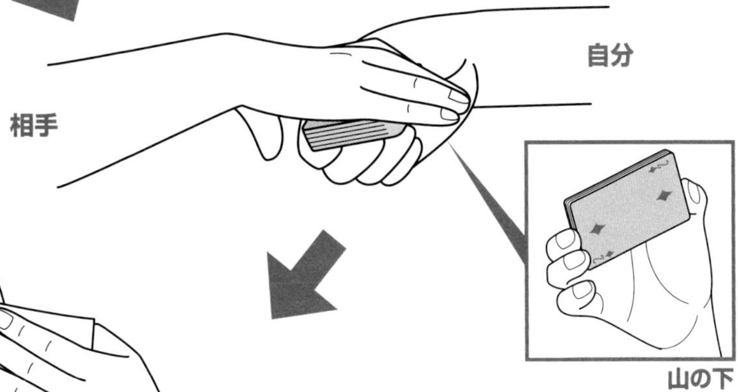

自分

相手

山の下

2 一番下のカードを予言としてメモしておく

手順1で確認した山の一番下にあるカードの、数とマークをメモ用紙に書いておく。書いたメモ用紙は折りたたんで見えないようにして、相手に「予言を書いておきます」と告げて予言の存在をアピール。

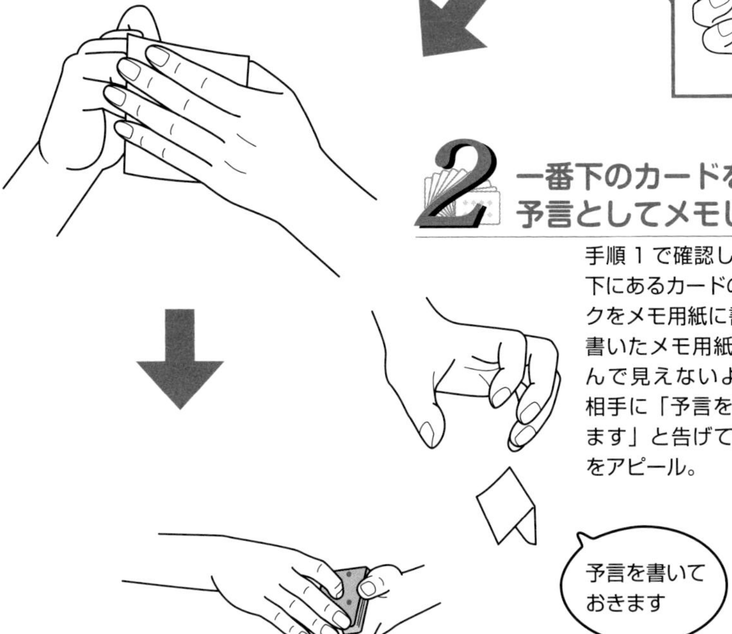

予言を書いておきます

3 山の上から13枚を取る

「13という数字は西洋では不吉とされています」などと説明しながら、山の上から順番に配ったカードをバラバラに置く。

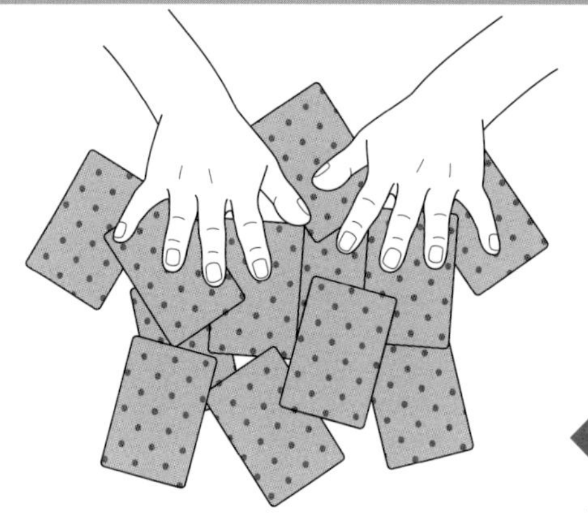

4 13枚のカードをよく混ぜて相手に3枚選んでもらう

13枚のカードをよく混ぜて、相手に好きな3枚を選んでもらう。その際、「今なら、カードを取り変えられますよ」と相手に聞いて、自由にカードを選んでもらったことを強調する。3枚選んでもらったら、残りの10枚はもう使わない。

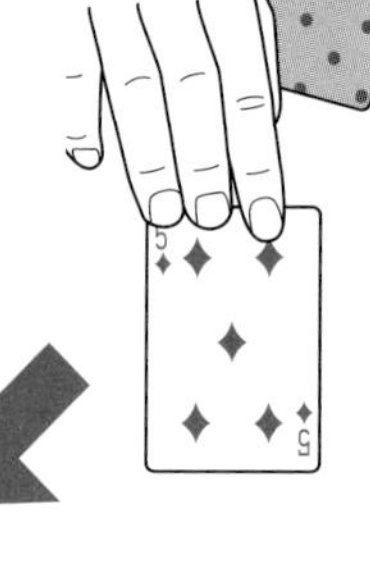

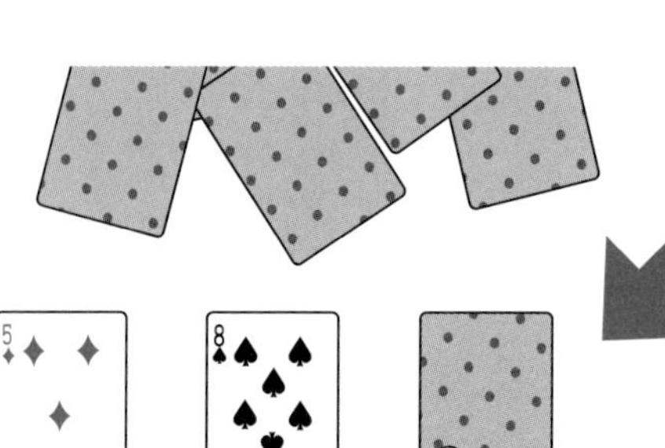

5 「13」からカードの数字を引いた数と同じ枚数のカードを配ってもらう

ここでは3枚の数字が「5・8・1」と出た。相手にカードの山を渡し、出たカードの数字に足して「13」になる数の枚数のカードを、山から配ってもらう。この場合、「5」だったら8枚、「8」だったら5枚、「1」だったら12枚をそれぞれに配る。配ってもらったカードはこの先は使わないのでよけておく。

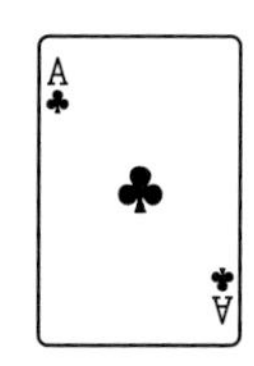

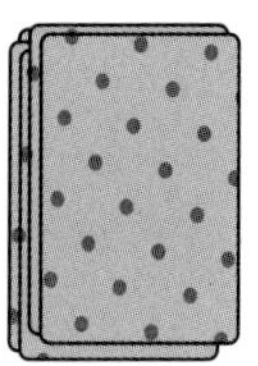

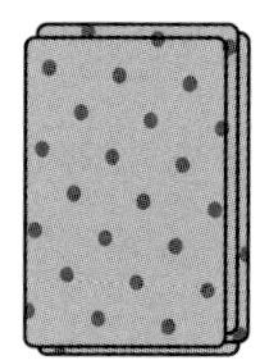

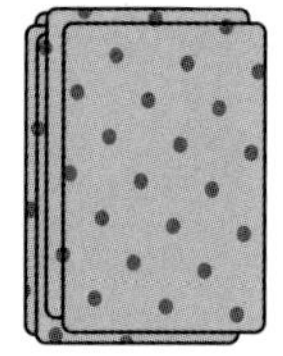

8枚配る　5枚配る　12枚配る

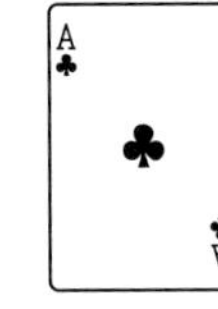

6 3枚の数字を合計した数と同じ枚数のカードを配ってもらう

手順4で選んだ3枚のカードの数を合計した数字と同じ枚数のカードを配ってもらう。ここでは「5+8+1=14」なので、14枚のカードを新たに配る。

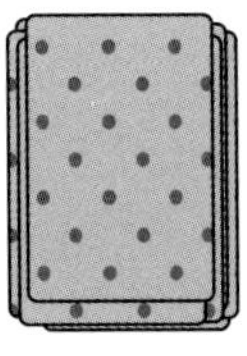

14枚配る

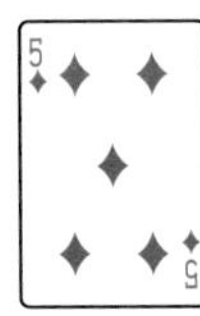

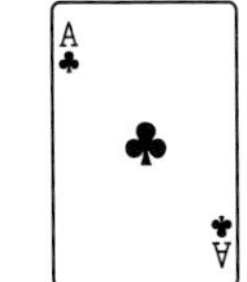

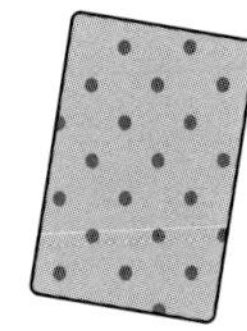

14枚目のカード

14枚目のカード

7 最後に配ったカードを確認する

手順6で配ってもらった14枚目のカードをめくると、手順2で予言にメモした数とマークと同じものが出る。

ワンポイントアドバイス

手順1で山の一番下にあるカードが、手順7で最後に配るカードになるという単純なタネ。そのことをカムフラージュするため、「13」という数字をキーワードにカードを配ってもらうのがポイント。「13」にさも何かの意味があるように、相手に解説するときに強調するといい。

Magic : 23　レベル 1：かんたん！

なぜかクイーンを挟めない！

張り合わせた
5枚のカード
真ん中は
クイーンです

クイーンのカードを
挟んでください
違うカードを
挟んでしまいましたね
?
?
ちゃんと
狙ったのに…

相手の思いこみを利用

真ん中にクイーンを配置し、５枚のトランプを貼り合わせたものを用意します。相手に、クイーンは真ん中にあることを確認させ、裏返します。裏面を見せたままクリップを渡し、先ほどのクイーンをはさんでもらいます。簡単なはずですが…相手はなぜかクイーンをはさむことができません。**クイーンが真ん中にあるという思い込みを利用したマジックです。**相手には、何度か挑戦してもらってもいいでしょう。

必要な道具

５枚のトランプ
クイーンを真ん中に置いて、５枚のトランプの端を重ねて並べて貼り付ける

ヘアクリップ（１つ）
小さめのもの。ゼムクリップやせんたくバサミでも可

裏

準備 クイーンを真ん中にして5枚のトランプを貼り合わせる

貼り合わせたトランプを相手に見せ、クイーンが真ん中であることを強調する。

表

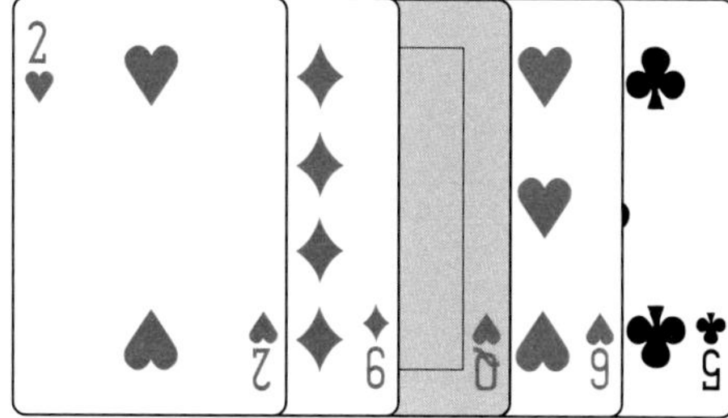

1 相手にクイーンのある場所にヘアクリップを挟んでもらう

貼り合わせたトランプを裏返し、「クイーンの場所に挟んでください」と、クリップを手渡す。“クイーンは真ん中である” と思い込んでいる相手は、違う場所にクリップをはさんでしまう。

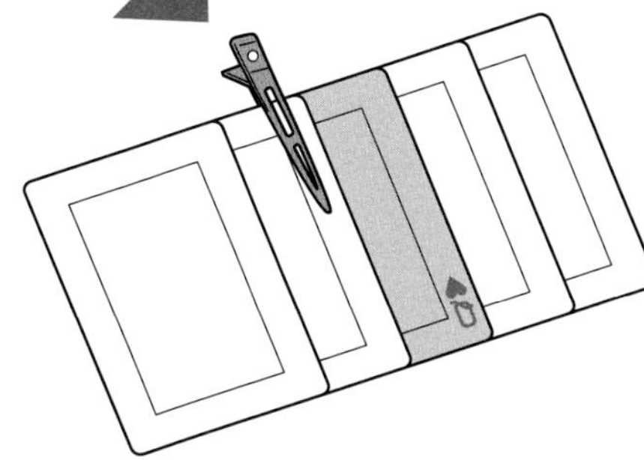

ワンポイントアドバイス

実は、裏面で一番上に来ているカードにクリップを挟むのが正解。クイーンは表面から見ると真ん中にあるように見えるが、裏面から見ると実際には端の方にある。

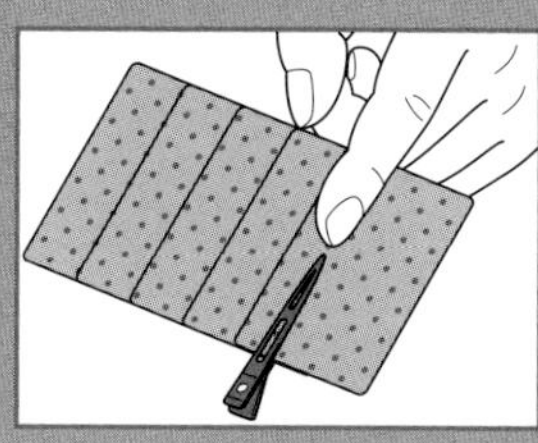

Magic : 24 レベル 1：かんたん！

カードのマークと数字を新聞紙で当てる！

カードを1枚引いて、
その内容を覚えてください
チョキ
チョキ

あなたの
持っている
カードは
これですね？

次のカードは…
ダイヤのキングですね？

最後の王冠で捻りを利かせる

相手が引いたカードを、新聞紙を切り抜いて当てるマジック。**タネは表現するカードを束の一番上に仕込んでおき、相手に引いてもらうだけという単純なもの**。タネは気づかれるかもしれませんが、このマジックのポイントは、「新聞紙を切り抜く」というインパクトの強い表現方法です。最後はキングを新聞紙の王冠で当てるという捻りの利いた方法なので、盛り上がること間違いなし。子どもにも大ウケするマジックです。

準備 山の一番上にハートの8・スペードの8・ダイヤのKを入れる

山の一番上に、ハートの8、スペードの8、ダイヤのキングの順に入れておく。

1 カードの山を2つに分けてもらい下半分を上半分の上に十字になるよう重ねる

カードの山を相手の前に置いて、「好きなところで2つに分けてください」と言う。相手が分けた山の上半分を受け取ったらテーブルの上に置いて、残った下半分を上半分の上に十字に重ねる。

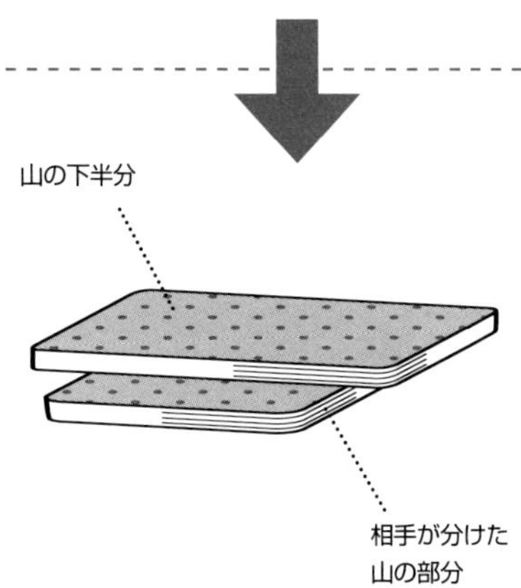

2 1枚の新聞紙を折りたたみハート型に切り抜く

広げた1枚の新聞紙を、16分の1の大きさになるよう折りたたむ（下図参照）。長い辺の折り目を、ハートの半分の形に切り抜く。この後続けて切り抜くため、少し小さめに切り抜くのがポイント。

新聞紙の折り方

①広げた状態から

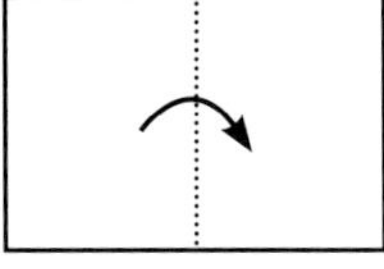
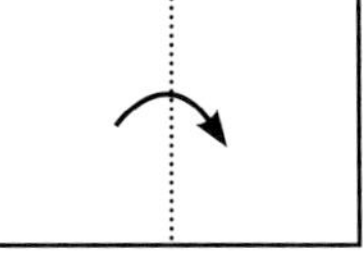

②2つ折りから

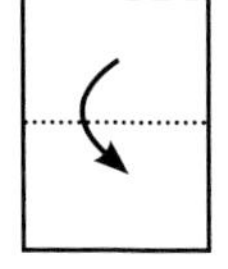

③4つ折りから

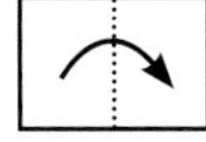

④8つ折りから

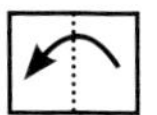

3 十字に重ねたカードの下半分を上から1枚引いてもらい新聞紙を広げる

手順1で十字に重ねたカードの上半分を持ち上げて、下半分の山から一番上のカードを1枚引いてもらう。この手順によって、相手に好きなところで分けてもらったカードの山から、仕込んでおいたカードを引いてもらうことができる（「カットフォース」というテクニック）。「そのカードはハートの8ではありませんか？」と言いながら、手順2で切り抜いた新聞紙を広げる。

4 ハートの穴を切ってスペード型の穴にして相手にもう1枚カードを引いてもらう

次に、新聞紙を再び8つに折り畳み、ハートの穴をスペードになるよう切り抜く。相手にカードの山から手順3と同じように1枚引いてもらう。そして、「そのカードはスペードの8ではありませんか？」と言い、切り抜いた新聞紙を広げる。

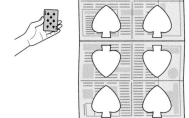

5 さらにスペードの穴を切ってダイヤ型の穴にする

スペードの切り抜きの上からさらに切り足してダイヤの8を作る。そして相手にカードをもう一枚引いてもらうが、そのカードはダイヤのキングなので間違いとなる。

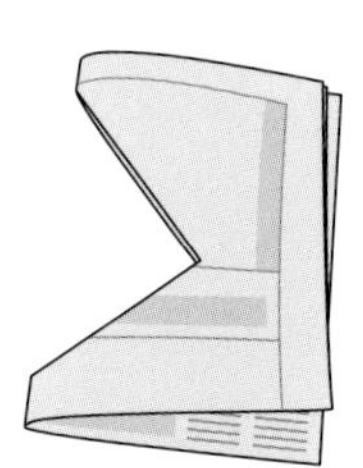

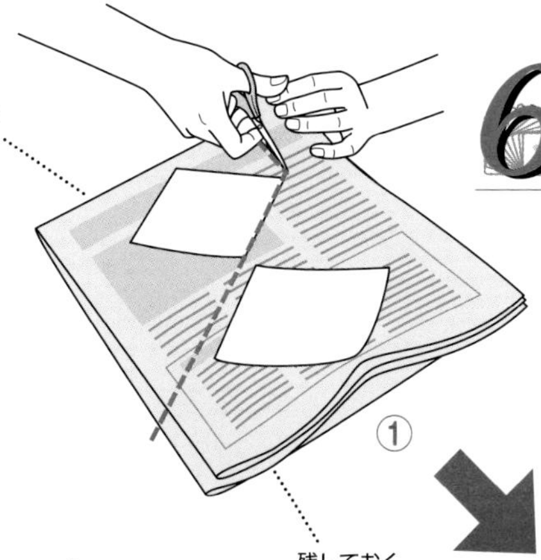

6 4つ折りまで広げた新聞紙を図の手順で切っていく

「間違いでした。正しくはこっちですね」などと言いながら一度広げた新聞紙を4つ折りまで広げて、図①〜④のように数か所切り取る。

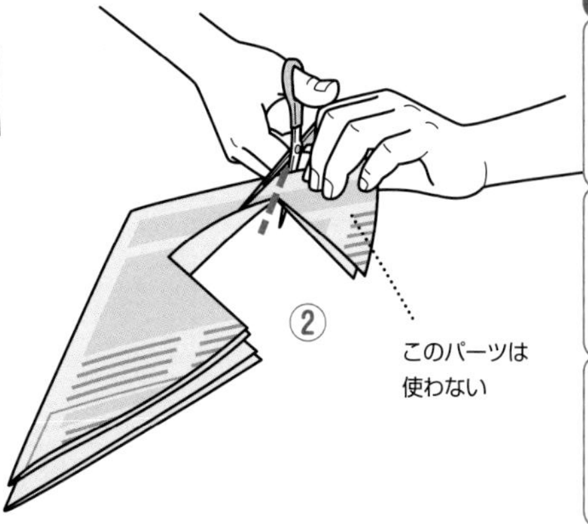

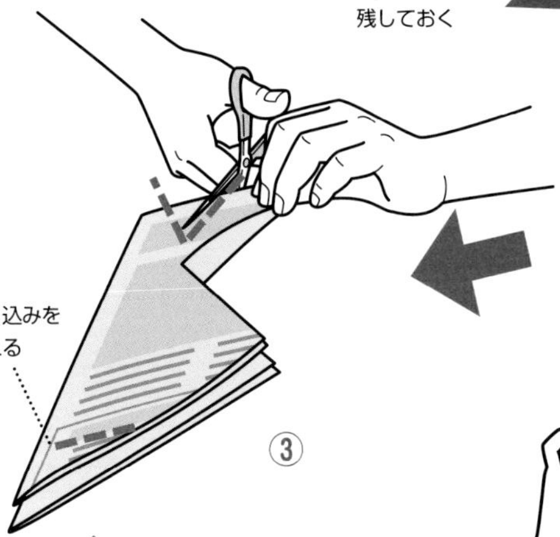

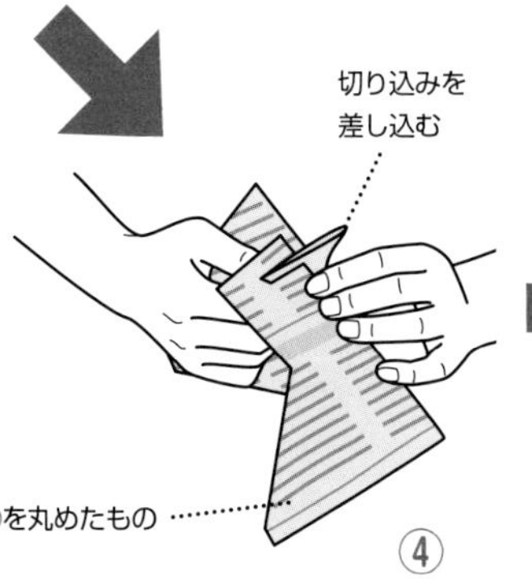

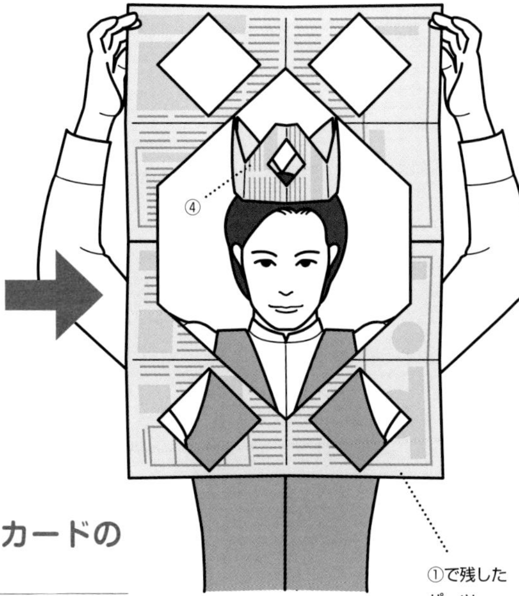

7 ダイヤの王様の冠とカードのフレームを披露する

手順6の①で残したパーツがトランプのフレームに、④がキングの冠になる。自分で被るか、相手に被ってもらい、披露。

Magic:25 レベル1:かんたん！

少人数向け

かんたん！スプーン曲げ！

これからこの
スプーンを曲げます

こうしてぐーっと
曲がりましたが……
ぐにゃっ

実は曲がって
いないんです
えっ！？
あれれ？
?
?
?

トリックは簡単！ カギは演技力

一見曲がったように見えるスプーンですが…実は曲がっていません。トリックは、スプーンとは逆の手に隠し持った100円玉。この端を見せて、曲がったスプーンの柄であると錯覚させます。このマジックは、**同じ銀色の金属というだけで100円玉をスプーンの柄と思いこませることがカギ。**100円玉を見せる角度や、タイミングなどに気をつけましょう。100円玉はわずかに見せるのがポイントです。

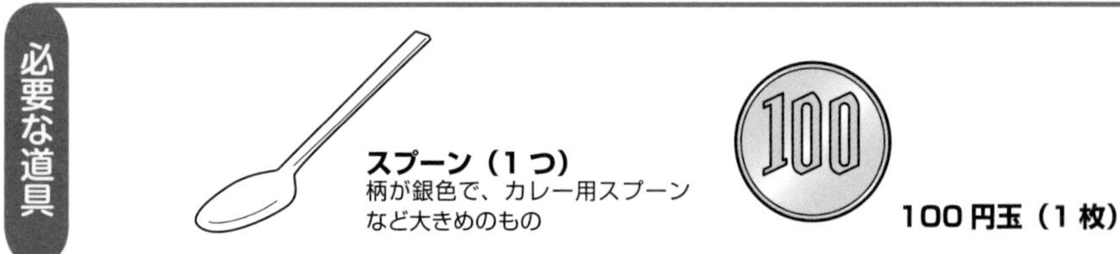
必要な道具
スプーン（1つ）
柄が銀色で、カレー用スプーンなど大きめのもの
100
100円玉（1枚）

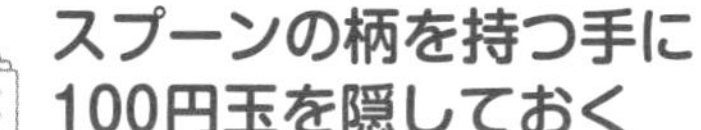

準備 スプーンの柄を持つ手に100円玉を隠しておく

右手に100円玉を隠し持つ（フィンガーパーム、21ページ参照）。そして相手にスプーンを見せて、仕掛けがないことを確認してもらう。

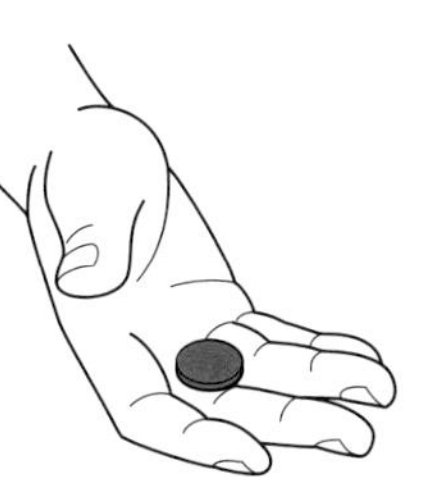

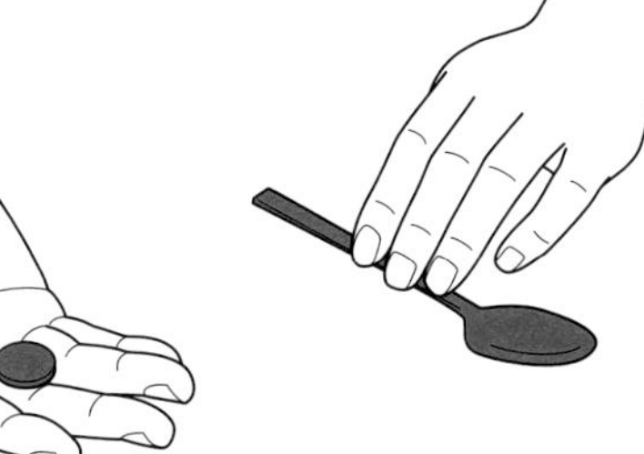

1 手の裏でスプーンを倒し100円玉の端を見せる

スプーンの柄を右手で持ち、机に付けて押し倒す。その後、右手に持った100円玉の端を見せながら、少しずつ右手を直角に上げていく。実際のスプーンは倒したままの状態。

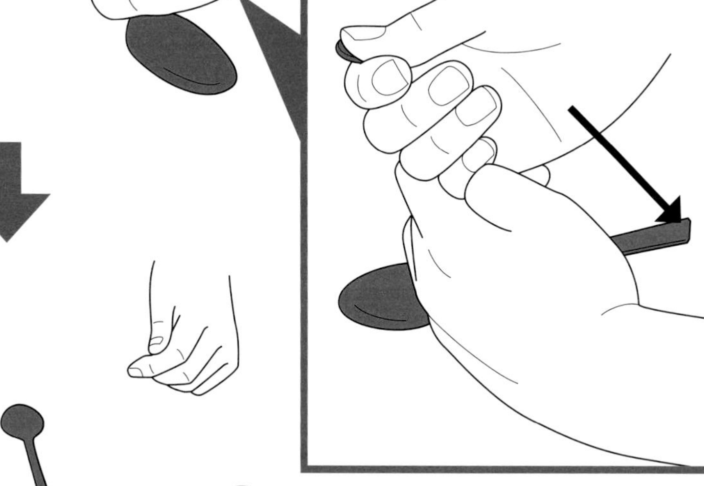

2 スプーンを見せて「実は曲がっていないんです」

右手の100円玉が見えないように注意しながら、曲がっていないスプーンを取り出して相手に見せる。

Magic：26　レベル 1：かんたん！

ハンカチで包んだスプーンがフォークに変身！

ハンカチを開く方向がカギ！

広げたハンカチの上に置いたスプーンをクルクルとくるみます。きれいに包んだあと、ハンカチにおまじないをかけて再び開くと、中身がいつの間にかフォークに変わってしまっている…というマジックです。**ハンカチの下に仕込んだフォーク**を相手に気付かれないように、少し厚みのあるハンカチを使用してください。ハンカチを開く際には、ふたつの角を開く方向を間違えないよう注意しましょう。

必要な道具
スプーン（1 本）
フォーク（1 本）
ハンカチ（1 枚）
ある程度厚みがあり、
裏表が目立たないもの

準備 あらかじめハンカチの下にフォークを仕込んでおく

水平に置いたフォークの上に、角が手前に来るように開いたハンカチをかぶせる。

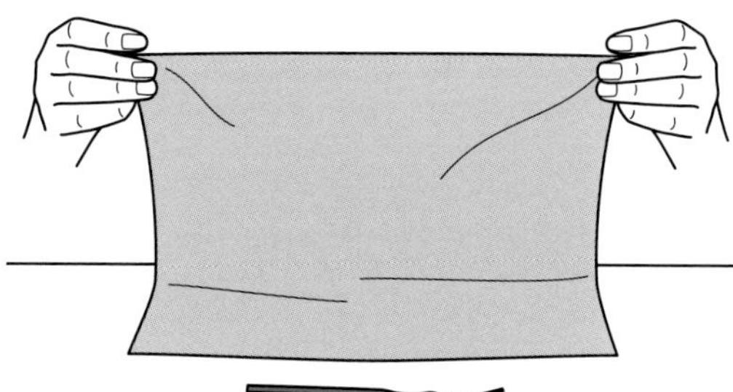

1 ハンカチの上にスプーンを置く

ハンカチの上からスプーンを水平に置く。ハンカチの下に仕込んだフォークよりも自分側にくるように。

2 ハンカチの下にあるフォークと一緒に巻いていく

ハンカチを巻き、スプーンをくるんでいく。そのとき、下に仕込んだフォークも相手から見えないようにハンカチに巻きこむ。

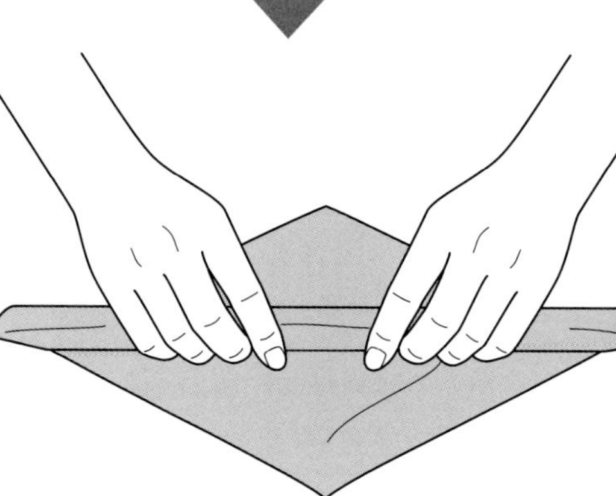

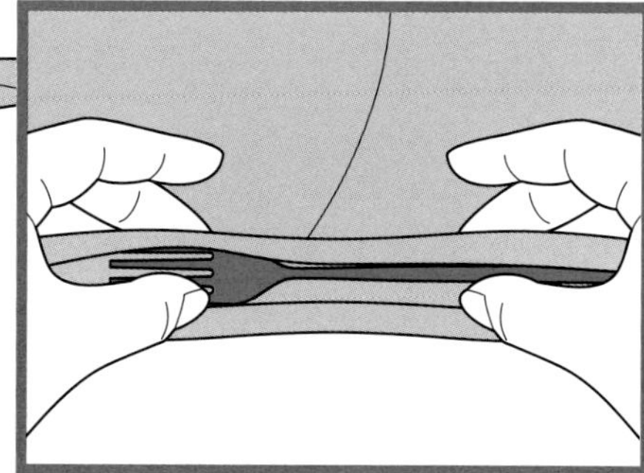

3 フォークが相手に見えないように注意

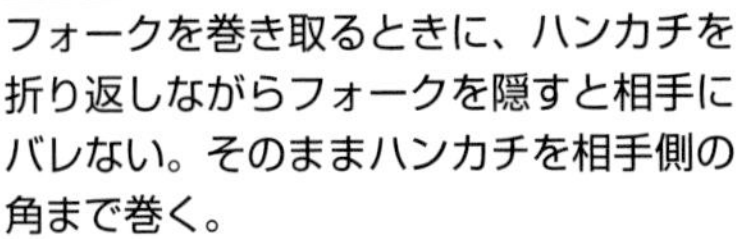

フォークを巻き取るときに、ハンカチを折り返しながらフォークを隠すと相手にバレない。そのままハンカチを相手側の角まで巻く。

自分から見た場合

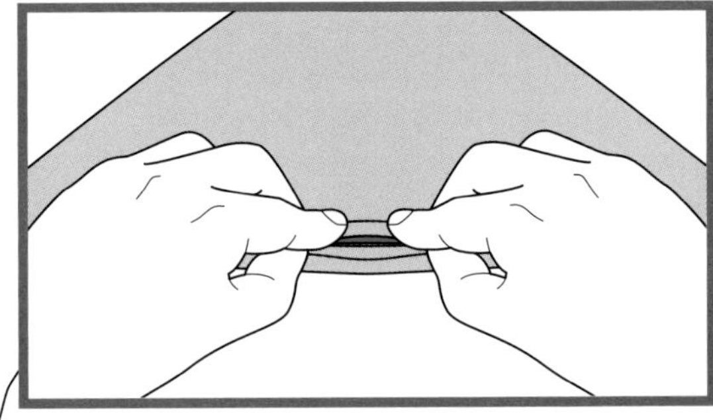

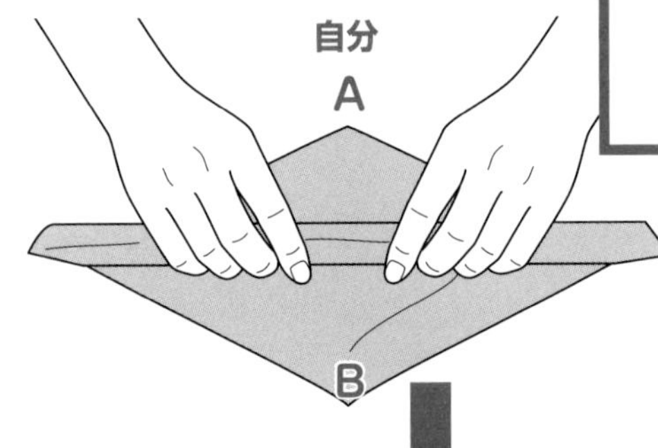

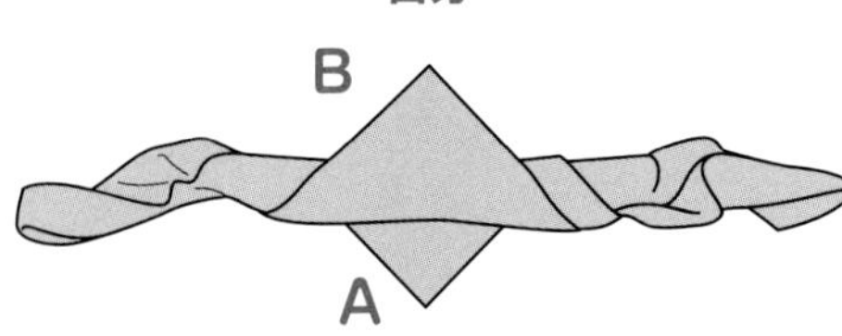

4 ハンカチを開いてフォークを見せる

自分側にあったハンカチの角Aを少し上に出し、目印にして巻き終える。角Aを上に出したまま、さらにハンカチを巻いて相手側にあった角Bを自分側に出す。角Aが相手側､角Bが自分側に来るよう、ハンカチを開くと、ハンカチの裏表が変わり、スプーンがフォークに入れ変わる。

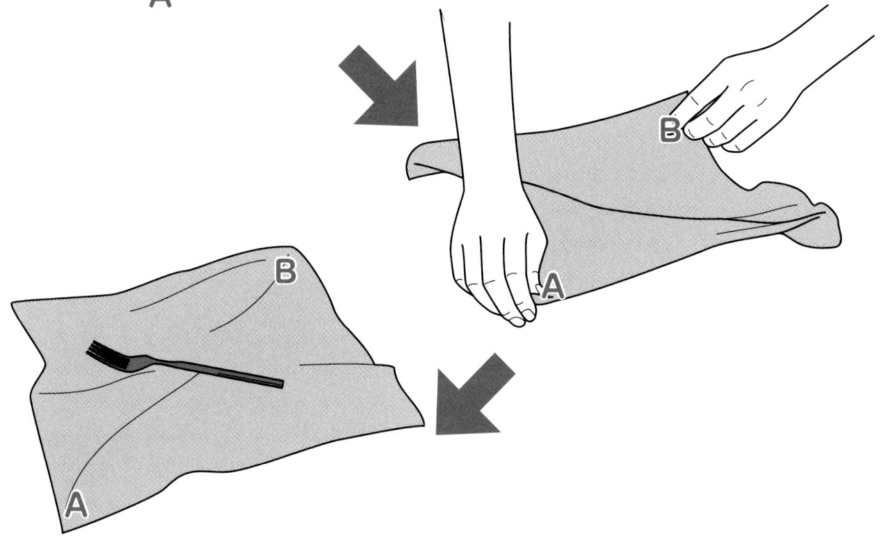

Magic : 27 レベル３：しっかり練習

子どもにウケる

ロープをつかんだまま結び目は作れるか？

ロープの端を持ったまま結べますか？

なかなかうまくいきませんね

では一緒にやってみましょう

はい、この通り！
あれ～？

結ぶ手順の中のある動作がポイント

まずは相手に「ロープから一度も手を離すことなく結び目が作れますか？」と問いかけます。普通に結び目を作ろうと思ったら、一度はロープをつかんだ部分から手を離さなければなりません。答えはふたつ。**ひとつは腕を組んでそのままロープをつかんで、結び目を作ります。もうひとつは、ある特殊な結び方をすればできるのですが**…、同じようにやってもらっても相手にはできません。一体何が違うのでしょうか？

必要な道具

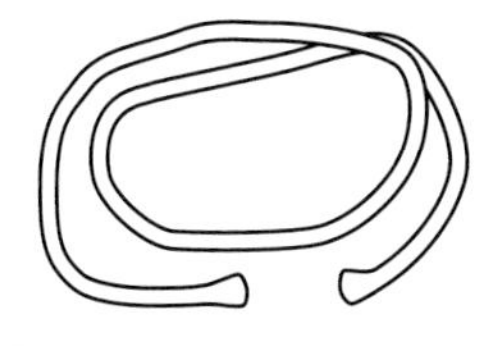

ロープ（２本）
50cm 程度の長さのロープ

答え1

1 腕組みをする

腕を組んで、「こういう時はよく考えるんです」などと言いながら腕を組んで悩む仕草をする。

2 両腕を組んだまま ロープの両端を持ち上げる

腕をクロスさせたまま、ロープの左右をつかむ。

3 そのままロープに結び目を作る

ロープをつかんだまま組んだ腕をほどけば、簡単に結び目ができる。

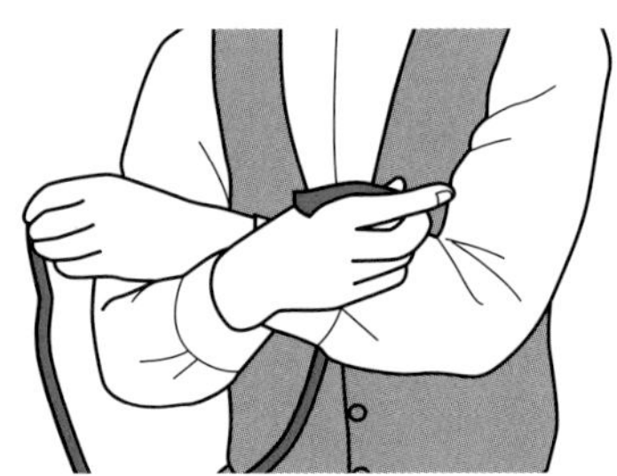

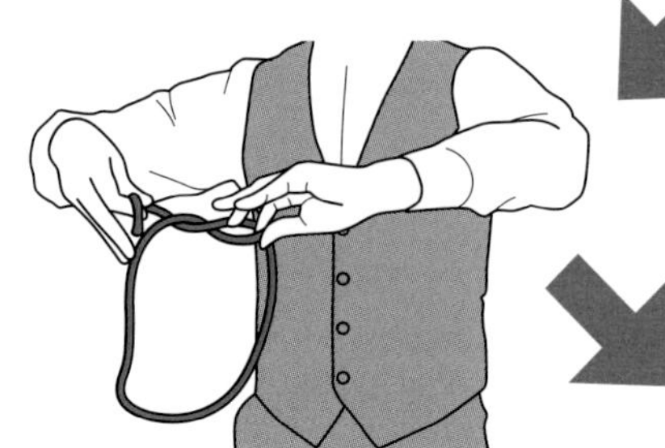

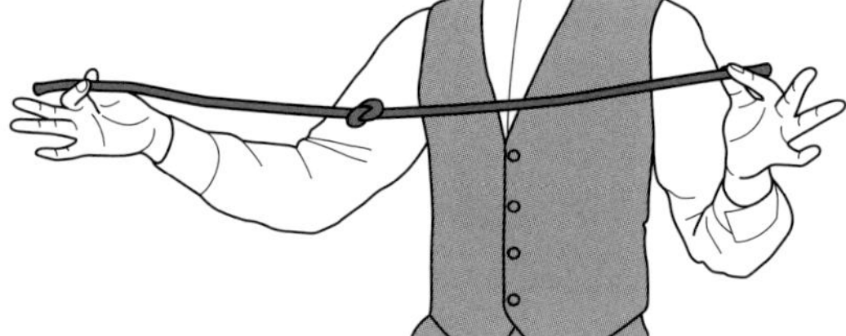

答え2

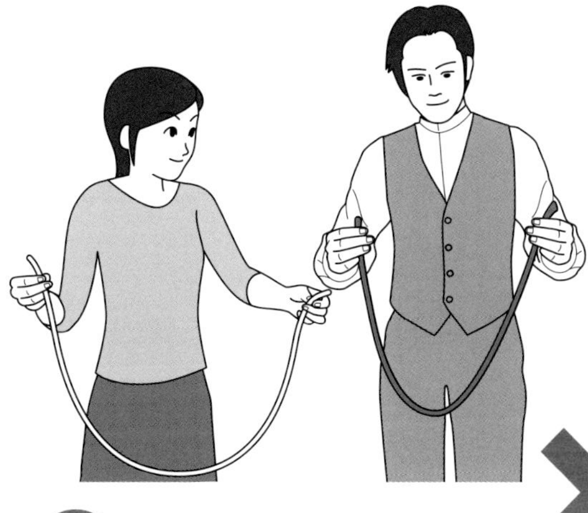

1 両腕を組まずにロープの両端を持つ

「今度は、両腕を組まずにロープを結ぶ方法を教えます。一緒にやってみましょう」と告げ、そのままロープを両手で持つ。

2 相手に指示しながらロープを結んでいく

自分はP86～87の手順通りに結ぶ。相手にも同様に指示しながら、P87の手順3「ロープが8の字形になったら右手の指でロープをつかむ」は相手に教えずに自分だけ行い、相手には「そのまま手を離してください」と告げる。

3 自分のロープだけに結び目ができる

同じ方法を行ったはずが、自分だけ結び目ができ、相手のロープはそのままスルリとほどけてしまう。

答え２の結び目の作り方

1 ロープの右端を左腕に１回巻き付ける

両腕を広げて親指と人差し指で持ったロープを、図のように右端を左腕に回す。

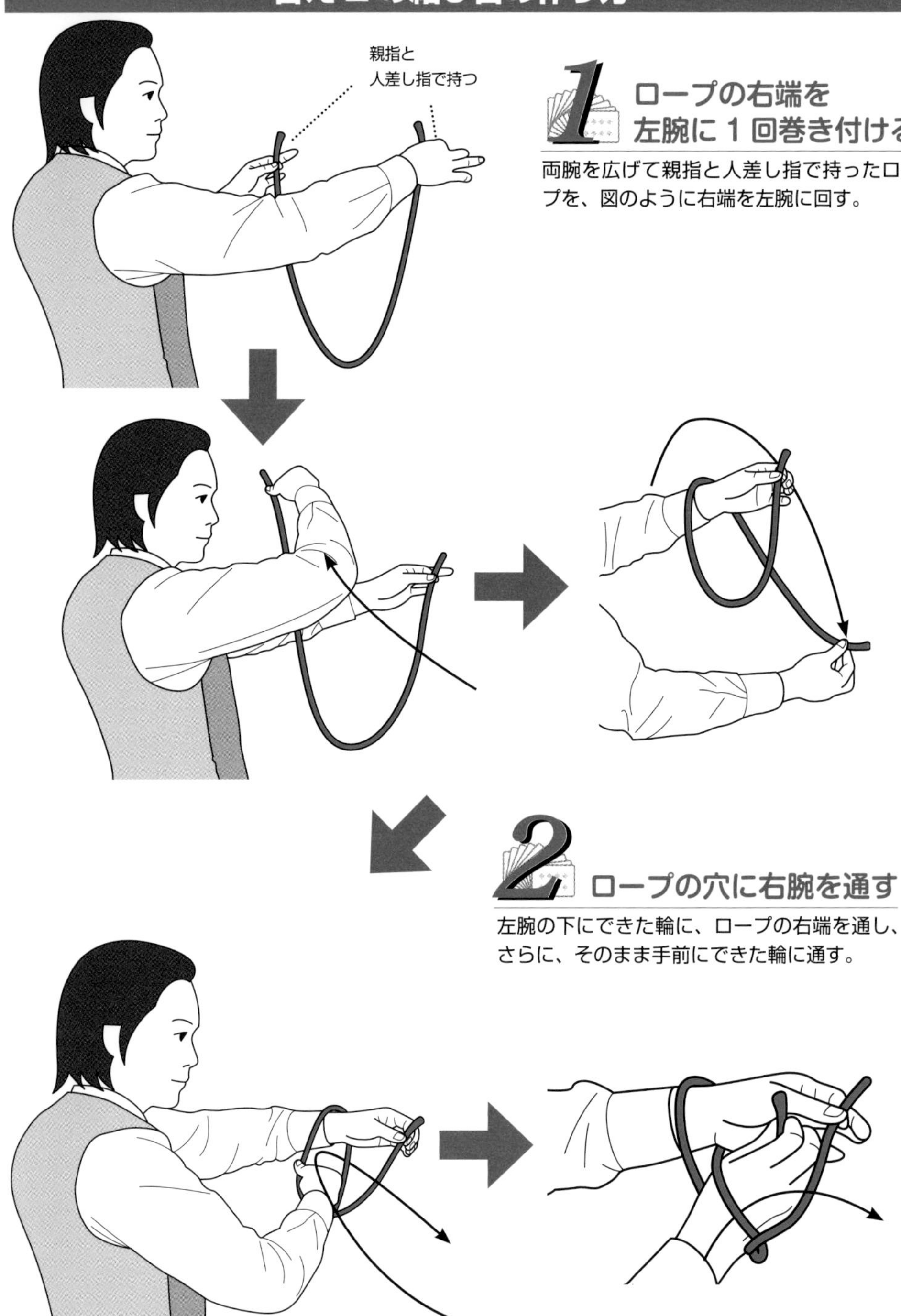

2 ロープの穴に右腕を通す

左腕の下にできた輪に、ロープの右端を通し、さらに、そのまま手前にできた輪に通す。

3 ロープが８の字形になったら右手の指でロープをつかむ

ロープをぎゅっと左右に開くと８の字形ができあがる。その後、相手には「手首にかかったロープをそのまま落としてください」と告げる。このとき、相手にはそのまま落としてもらうが、自分だけは次の手順４を行いながら落とす。

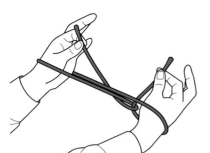

4 右手の中指、薬指、小指でロープをつかみ、親指と人差し指をロープから離す

ロープを落とす直前、右手の指のうち、それまでロープをつかんでいた親指と人差し指はロープを離して、ロープをつかんでいなかった中指、薬指、小指でロープをつかむ。このようにつかみ方を変えたらロープを落とす。この動作をするときは、同時に手首に素早くスナップをきかせるなどして相手にバレない工夫をするといい。

前から見た図

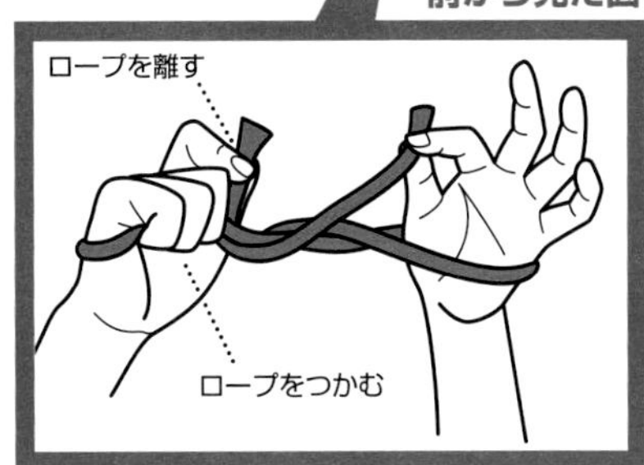

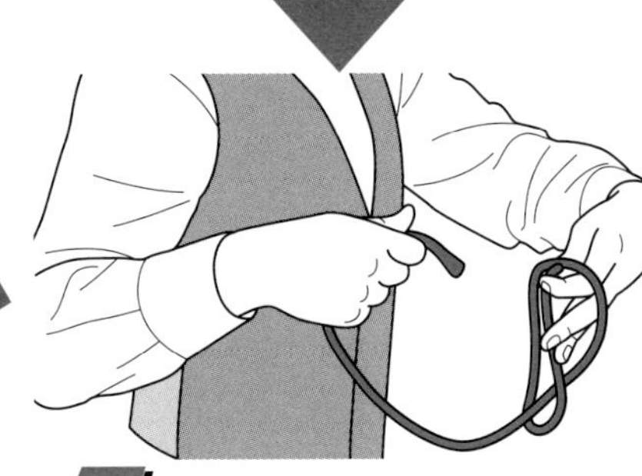

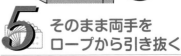

5 そのまま両手をロープから引き抜く

腕にかかったロープを落とし、両手を引き抜くと、ロープに結び目ができる。

Magic：28　レベル１：かんたん！

少人数向け

指輪が毛糸を通り抜ける！

何の変哲もない
本と毛糸です

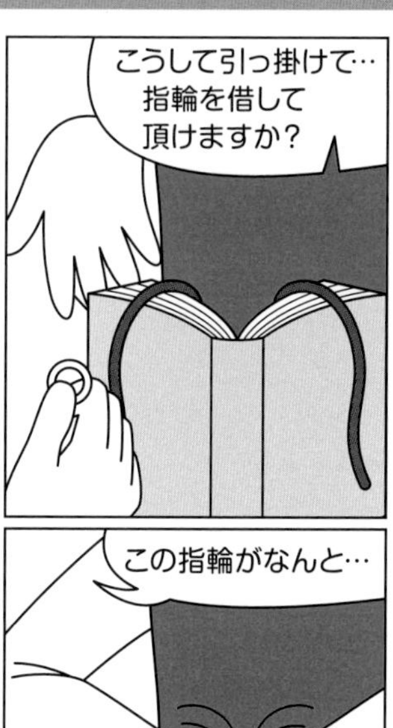
こうして引っ掛けて…
指輪を借して
頂けますか？
この指輪がなんと…

この通り
毛糸に通ります！
!

毛糸の特徴を利用！

壁代わりに立てた本の裏側で、指輪を毛糸に通すマジック。毛糸の両端は相手に見えているのに、なぜか指輪が毛糸を通過してしまいます。いったい本の裏側では何が起こっているのでしょうか？

タネは毛糸をあらかじめ切っておくこと。本の裏側で切れた部分から指輪を通しているのです。切れ目の部分を指でつまめば、相手には分かりません。切れ目が分かりにくい毛糸の特徴を利用したマジックです。

必要な道具

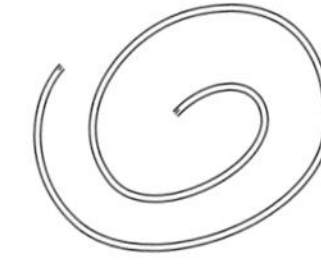

毛糸（１本）
途中で切り、２本になっているものを、切れ目をねじって１本にしたもの

指輪

本（１冊）
直立できる程度ページ数があるもの

準備 あらかじめ切った毛糸をねじってつなげておく

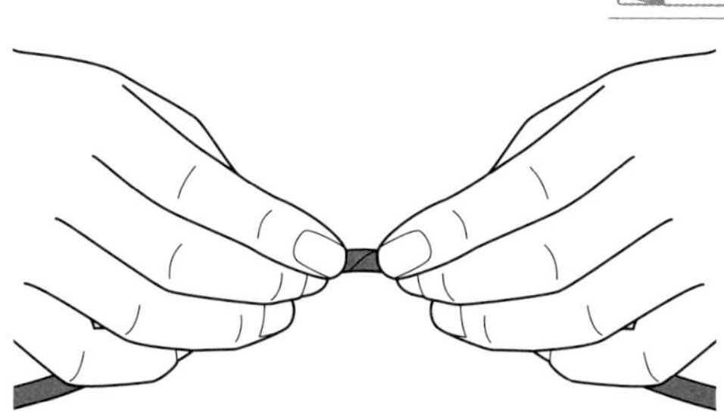

端から 1/3 程度の部分をはさみで 2 本に切った毛糸を、ねじって 1 本につなげておく。切れ目がわかりにくいため、切られてあることがバレにくい。

1 つなげた箇所を指でつまんで相手に毛糸を見せる

仕掛けがバレないよう、切った部分を指でつまんで、相手にただの毛糸であることを見せる。

2 毛糸の切れ目が裏に隠れて見えないように本にかける

切れ目が本の裏にくるよう、注意しながら開いた本に毛糸をかける。

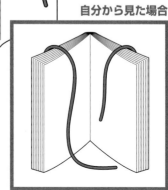

自分から見た場合

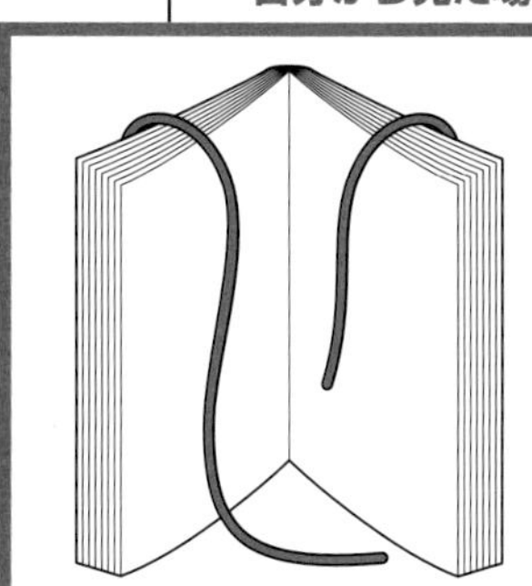

コイン お札 カード スプーン ひも 新聞紙 ハンカチ ダイス マッチ ストロー 紙 その他

自分から見た場合

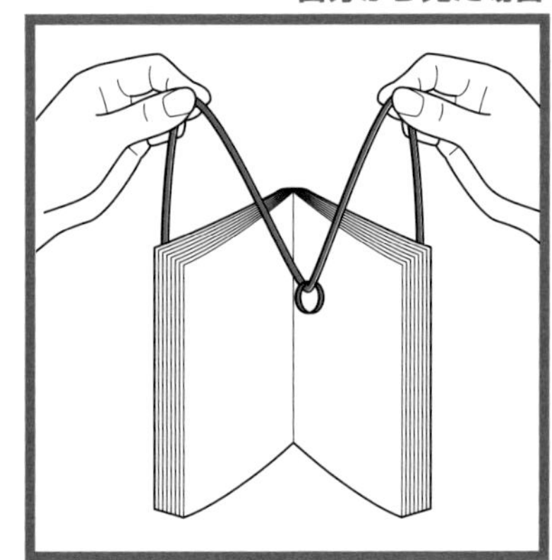

3 相手に見えないよう本の後ろで毛糸の切れ目から指輪を通して持ち上げる

相手から借りた指輪を、本の裏側で切れ目から毛糸に通す。おまじないを唱えながら、再び切れ目部分を持って毛糸を持ち上げると、指輪が通っている。

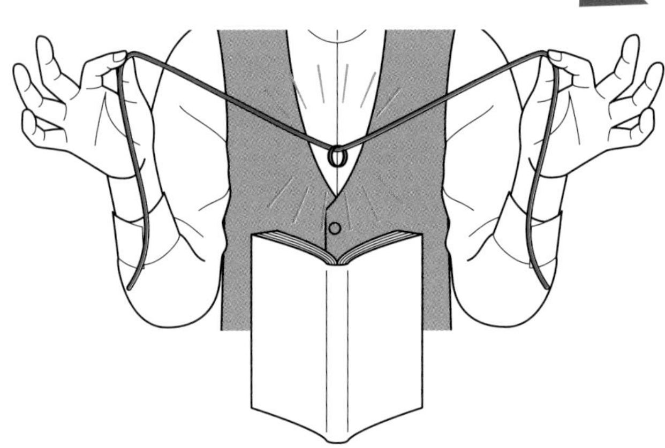

ワンポイントアドバイス

毛糸はくしゃくしゃにすると切れ目が一層分かりにくいので、終わった後はそのように置いてしまえばタネがバレにくい。さらに相手が毛糸よりも本を怪しむように扱うといい。

Magic : 29 レベル２：少し練習

新聞紙でグラスを消す！

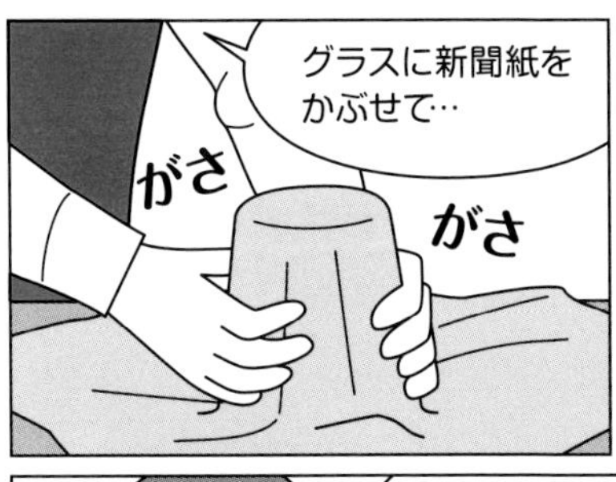
グラスに新聞紙を
かぶせて…
がさ
がさ

おもいっきり
たたきます
バーン！
消えた!?

本当に消えて
しまったので
しょうか…

よかった
中にありました
?
?

王道のマジックを華麗なスタンディングで！

P26 で紹介した、テーブルの上のグラスを新聞紙で消すマジックは簡単でインパクトがありますが、座らないとできないのが欠点。そこで、立って行う上級編を紹介しましょう。スタンディングで華麗にグラスを消し、さらに新聞紙から登場させる一連のマジックには、きっと誰もが驚くはずです。**グラスの隠し場所は脇の下**。新聞紙を広げる時、折り曲げる時に、相手からどのように見えているのかに注意しましょう。

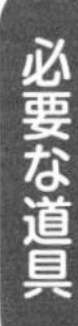
必要な道具

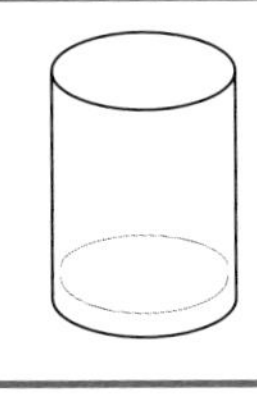

グラス（1 つ）
脇に挟みやすいサイズで、
叩いても割れにくいもの

新聞紙（1 枚）

立ったまま新聞紙でグラスを消す！

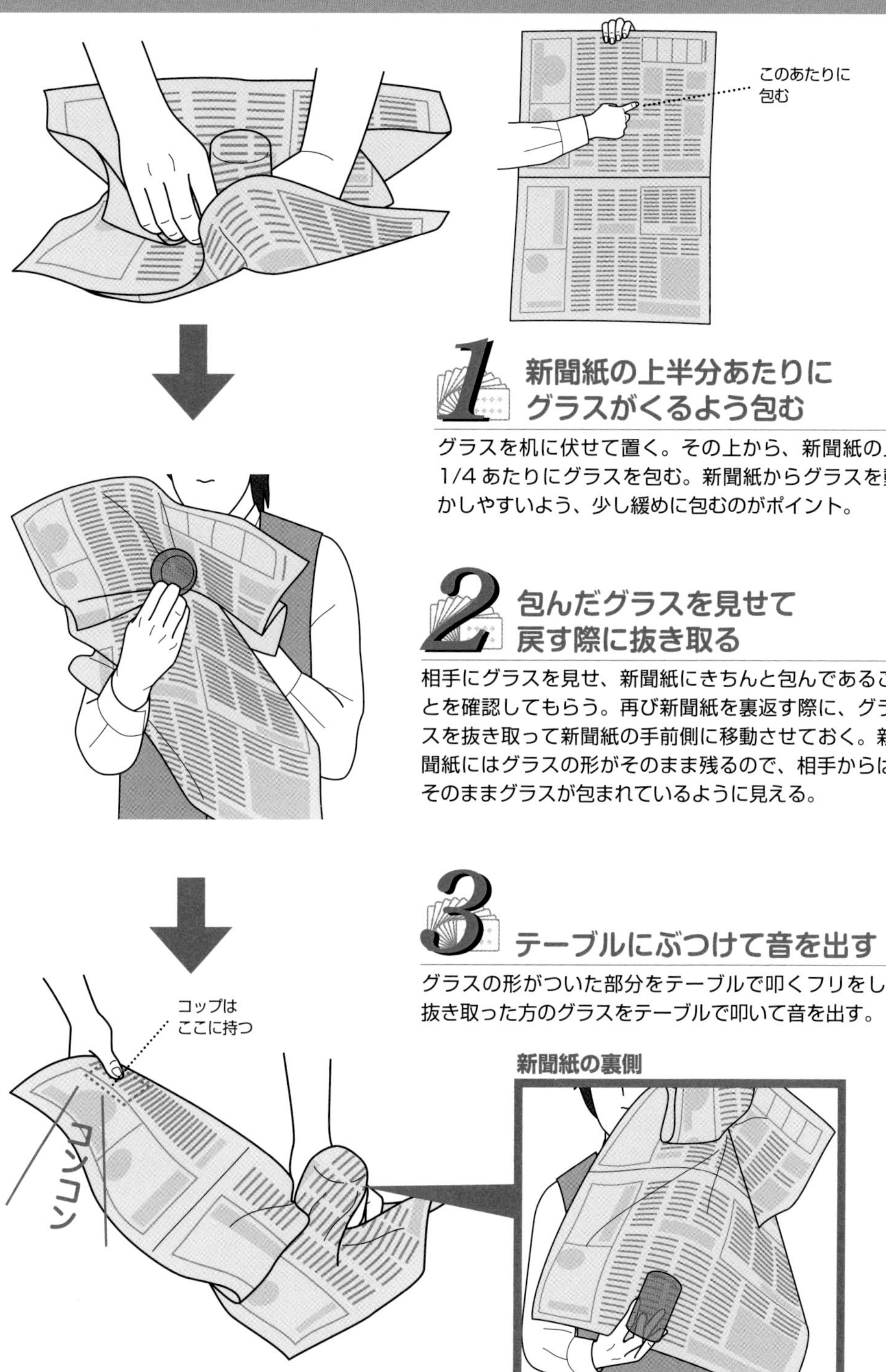

1 新聞紙の上半分あたりにグラスがくるよう包む

グラスを机に伏せて置く。その上から、新聞紙の上1/4あたりにグラスを包む。新聞紙からグラスを動かしやすいよう、少し緩めに包むのがポイント。

2 包んだグラスを見せて戻す際に抜き取る

相手にグラスを見せ、新聞紙にきちんと包んであることを確認してもらう。再び新聞紙を裏返す際に、グラスを抜き取って新聞紙の手前側に移動させておく。新聞紙にはグラスの形がそのまま残るので、相手からはそのままグラスが包まれているように見える。

3 テーブルにぶつけて音を出す

グラスの形がついた部分をテーブルで叩くフリをし、抜き取った方のグラスをテーブルで叩いて音を出す。

4 新聞紙の盛り上がった部分を潰したら広げて隠しながらグラスを脇に挟む

新聞紙のグラスの形がついた部分を上から思い切り叩けば、いつの間にかグラスが消えたように見える。さらに新聞紙を広げるジェスチャーの際にグラスを脇に挟み、相手の死角へ隠す。

横から見た場合

5 新聞紙をたたみながらグラスを脇から取り出して包み、新聞紙の中から取り出す

グラスを片脇に隠した状態で、新聞紙を４つにたたむ。新聞紙をさりげなく脇に近付けてグラスを取り出し、新聞紙をふたつ折りにしてグラスを包んでから、グラスを取り出して見せる。

Magic：30 レベル 1：かんたん！

子どもにウケる

丸めた新聞紙が立派な木に！

新聞紙を筒状にして
切り込みを入れます
ヂョキ
ヂョキ

新聞紙が立派な
木になりました

この木は記念に
差し上げましょう

子どもにウケる！　工作のようなマジック

丸めて切った新聞紙を、少しずつ引っ張ると…なんと新聞紙が見る見る成長して、立派な木になります。できた木は、相手にプレゼントしてあげましょう。**新聞紙 1 枚でできる簡単なマジックでタネもなく、手順通りに行えば誰にでもできる**カンタンさと、木が成長していくという大きなインパクトを相手に与える、見た目も楽しいマジックです。みんなで楽しめるパフォーマンスなので、工作のように子どもと一緒に行うのもいいでしょう。

必要な道具

新聞紙（1 枚）

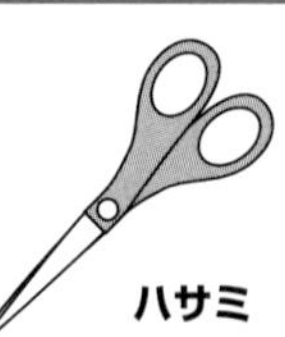

ハサミ

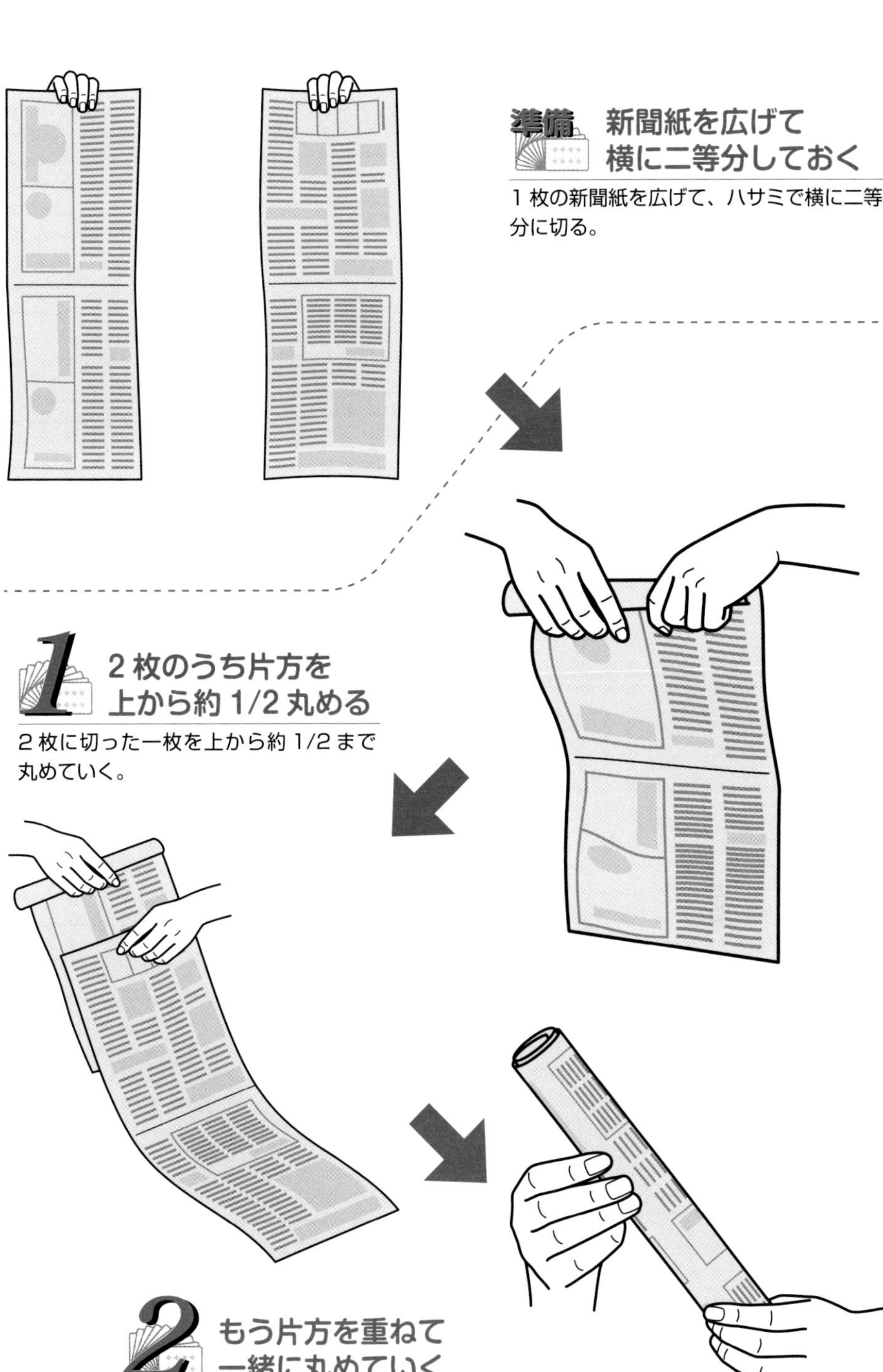

準備　新聞紙を広げて横に二等分しておく

1 枚の新聞紙を広げて、ハサミで横に二等分に切る。

1　2 枚のうち片方を上から約 1/2 丸める

2 枚に切った一枚を上から約 1/2 まで丸めていく。

2　もう片方を重ねて一緒に丸めていく

約 1/2 まで丸めたところに、もう 1 枚の新聞紙を重ねてそのまま最後まで丸める。

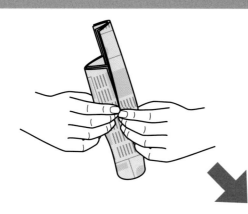

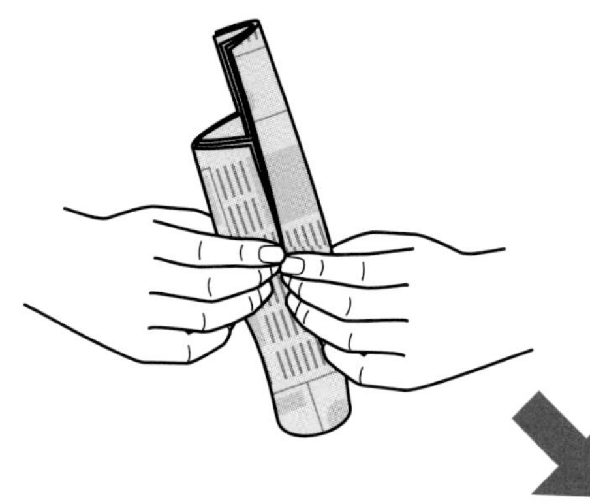

3 丸めた新聞紙を縦方向に半分ほど２回割く

丸めた新聞紙の上から半分を潰し、縦に裂く。さらに切った部分を重ねて、再び上から半分、縦に裂く。

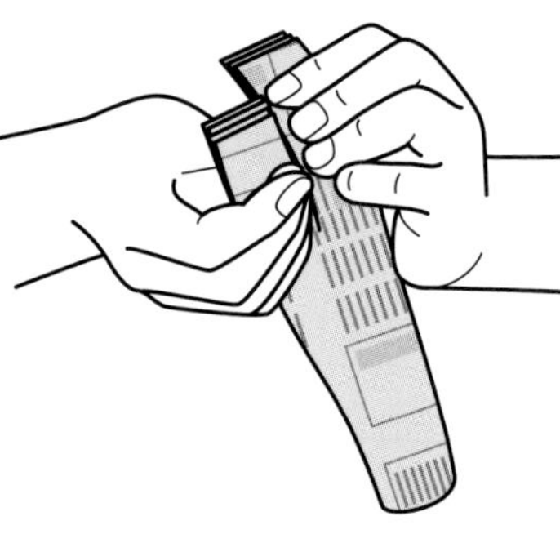

4 中央の切れ端を上に引っ張るとツリー状に展開する

切った部分を広げ、一番内側の切れ端をつまんで、少しずつ上に引っ張っていく。すると、新聞紙がつながり、まるで成長する木のようにどんどん伸びていく。

Magic : 31 レベル２：少し練習

少人数向け

安全ピンがハンカチに刺さったまま移動！

ハンカチにつけた
安全ピンが…

刺さったまま
動きます！
すい〜っ

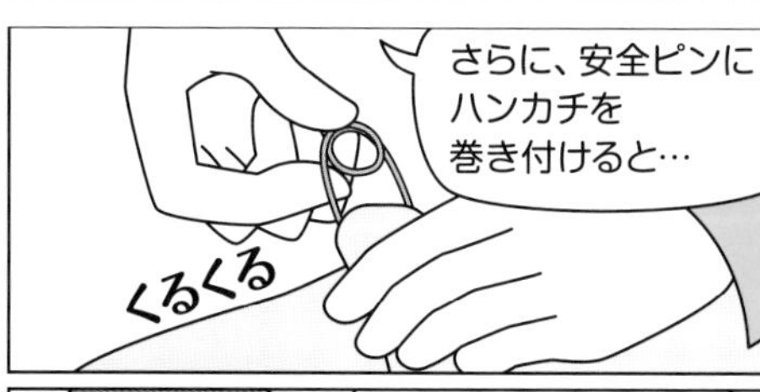
さらに、安全ピンに
ハンカチを
巻き付けると…
くるくる

抜けてしまうんです
スポッ

安全ピンの特徴を活用！

ハンカチに刺した安全ピンをひっぱると、ハンカチを破かずにスーッと移動。さらにハンカチをぐるぐるに巻き付けると、刺さっているはずなのにスルリと抜けてしまいます。**このマジックは、バネの力で閉じる安全ピンの特性を利用したもの**。移動させる安全ピンの方向を間違えなければ、すぐに行えます。マジックのラスト、安全ピンを相手に引っ張ってもらうのも大事な演出。トリックが単純なものほど、見せ方が大切なのです。

必要な道具

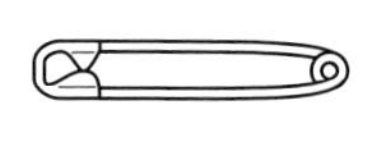

安全ピン

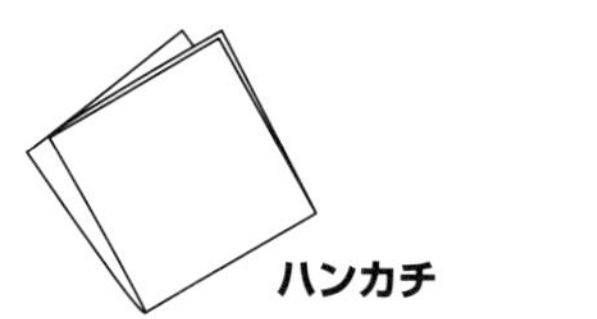

ハンカチ

安全ピンがハンカチを移動する！

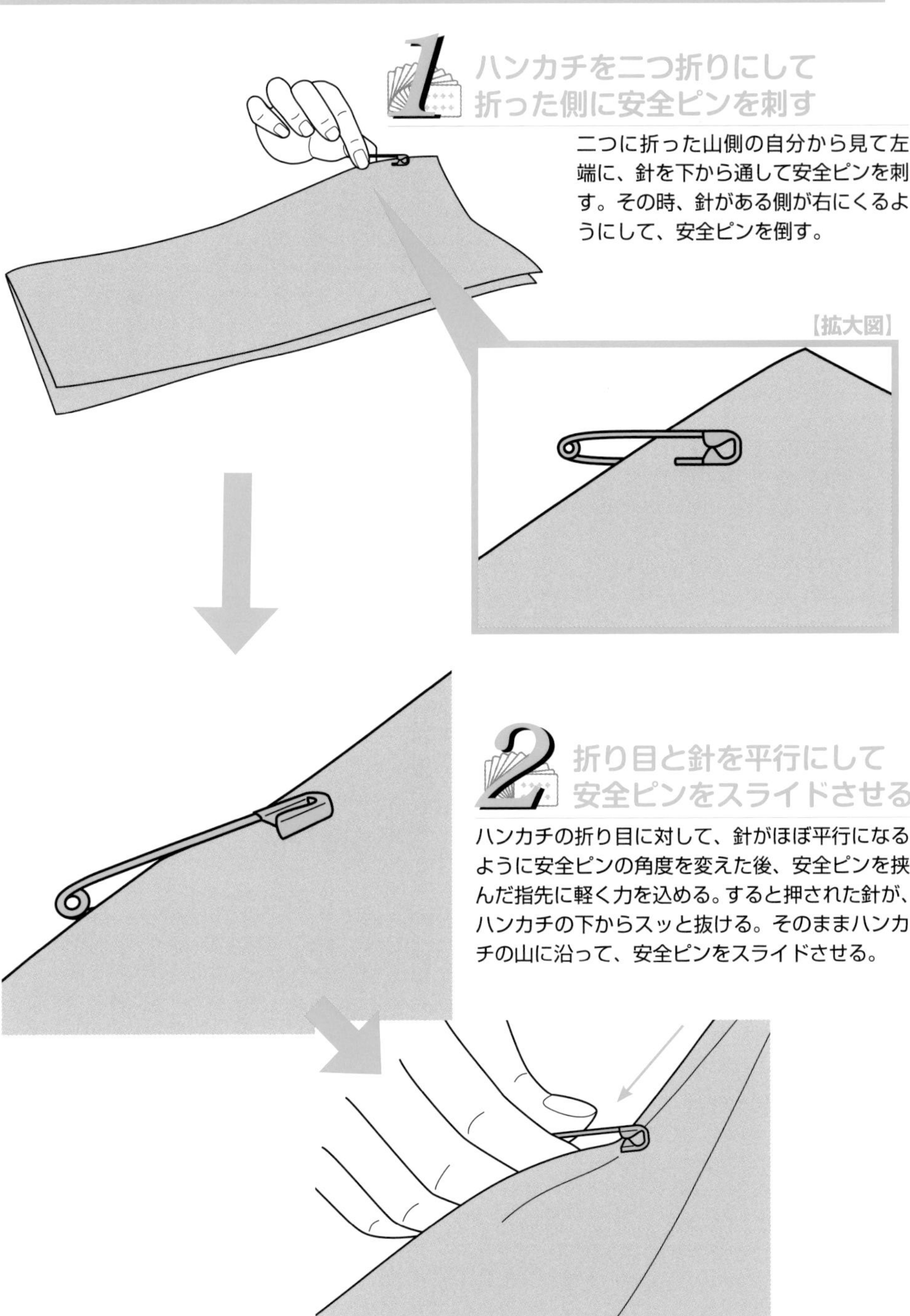

1 ハンカチを二つ折りにして折った側に安全ピンを刺す

二つに折った山側の自分から見て左端に、針を下から通して安全ピンを刺す。その時、針がある側が右にくるようにして、安全ピンを倒す。

2 折り目と針を平行にして安全ピンをスライドさせる

ハンカチの折り目に対して、針がほぼ平行になるように安全ピンの角度を変えた後、安全ピンを挟んだ指先に軽く力を込める。すると押された針が、ハンカチの下からスッと抜ける。そのままハンカチの山に沿って、安全ピンをスライドさせる。

安全ピンをハンカチから引き抜く！

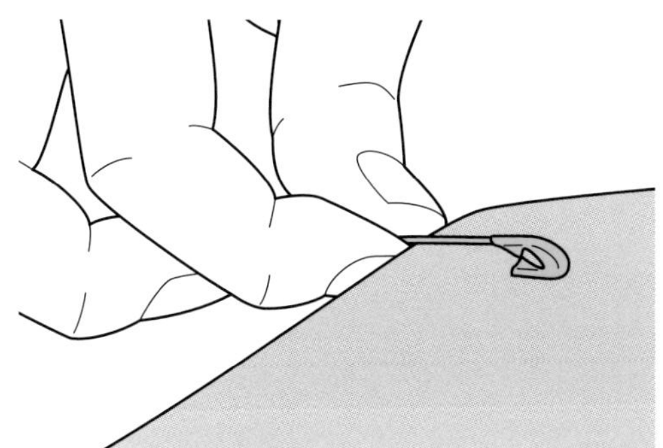

再びハンカチに針を突き刺す

ある程度スライドさせた後、指先の力の加減で針をハンカチに刺して留める。

3回巻き付けた安全ピンを相手に引き抜いてもらう

安全ピンを左右どちらかに倒し、ハンカチに3回巻き付ける。自分が根元を押さえたまま、相手に先端を持って引き抜いてもらうと、安全ピンが抜ける。

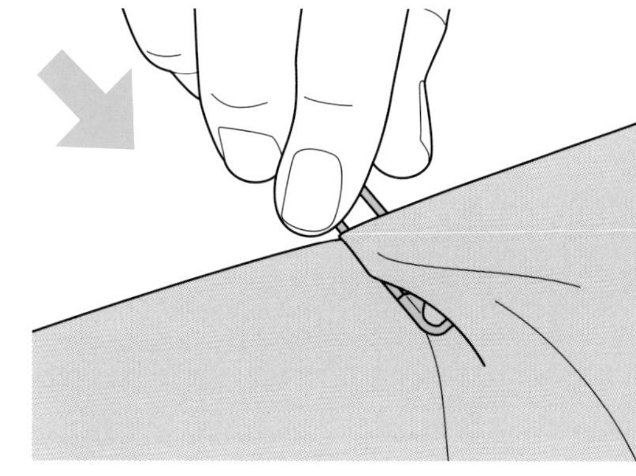

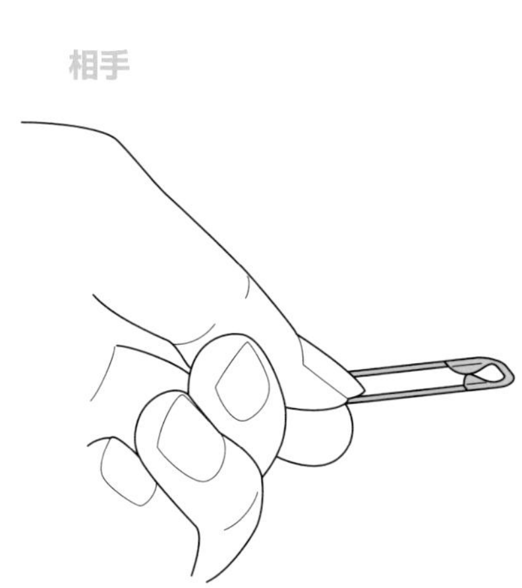

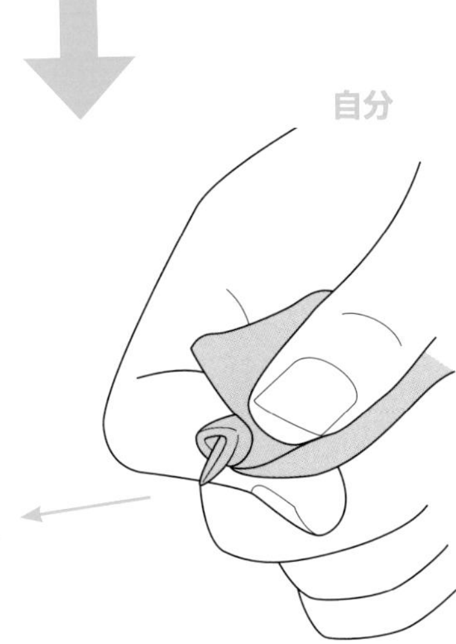

Magic：32　レベル 1：かんたん！

割り箸がハンカチを貫通する！

割り箸にハンカチをかぶせて…

エイッ！！

とやると突き抜けてしまいます

！

でもハンカチは大丈夫！

？

？

？

ハンカチの死角を利用！

立てた 1 本の割り箸の上からハンカチをかぶせます。そのまま下から手で割り箸を突いて一気に通しますが、ハンカチは破れていません。**ハンカチの死角に割り箸を倒し、ハンカチの外に出してしまっているという仕掛けです**。相手から見える角度や、ハンカチから割り箸を抜いたことが分からないよう、パフォーマンスに注意しましょう。割り箸の代わりに、えんぴつやボールペン、ナイフでもできるマジックです。

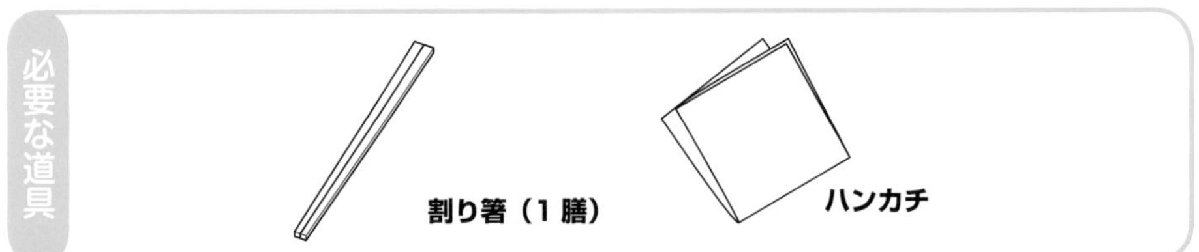

割り箸を立てて持ちその上にハンカチをかぶせる

広げたハンカチの真ん中に、下から割り箸を立てて入れる。

割り箸を手前に倒してハンカチの外に出す

ハンカチの先をつかんだまま、割り箸を相手に見えないよう自分側に倒す。そのまま割り箸の先をハンカチの外側に立てる。

割り箸を下から叩いてハンカチを貫いたように見せる

親指で割り箸の先を押さえたまま、もういっぽうの手の平で下から叩く。すると相手からは割り箸がハンカチを貫通したように見える。

Magic：33 レベル１：かんたん！

一瞬で変化するダイスの数字

ダイスの目は
3ですね？
はい
3の裏は4です
覚えましたか？
覚えました
それではもう一度、
3の目の裏は？
4です
ところが2に
なってしまいました

ダイスの１の反対は…あれれ？

オーソドックスな６面ダイスの面を相手にきちんと確認してもらったうえで、改めてダイスを回転させると裏最初に確認してもらった面とは違う面になっている…というマジックです。**実は気付かれないよう手と合わせて、ダイスも一緒に回転させているのです。**このパフォーマンスは何が起こったのか相手に分かってもらえないと意味がないので、相手に「通常、ダイスの３の裏は４である」ということをきちんと確認してもらうことが大切です。

必要な道具

ダイス

指先でつまみやすい
サイズのもの

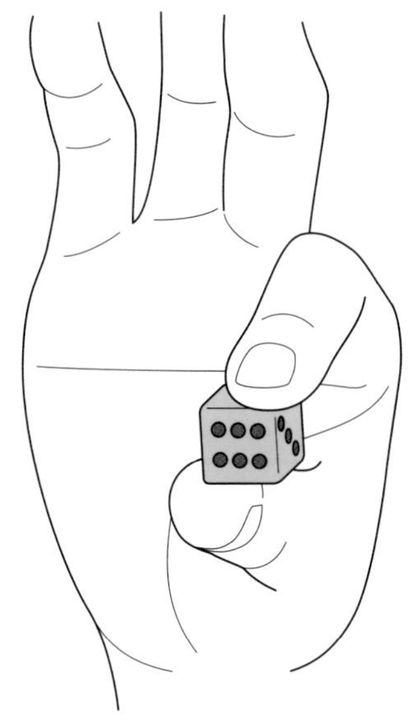

1 親指・人差し指から半分ほどはみ出すようにダイスをつまむ

2の面を上に、5の面を下にして、3を相手側に見せるようにダイスをつまむ。その際、2の面に当てた人差し指を半分ダイスから手前側に、5の面に当てた親指を奥にずらして持つ。

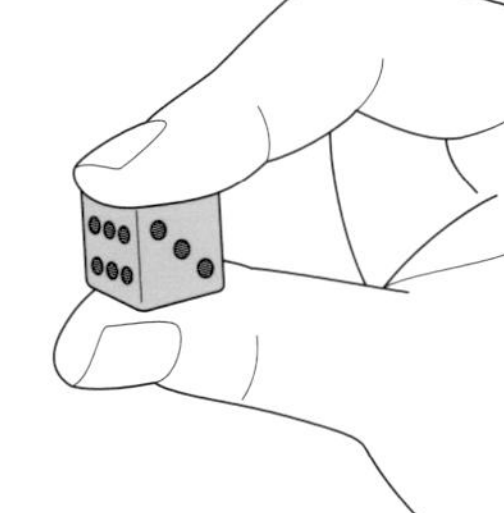

2 ダイスを動かさずに3と4を相手に見せる

まずダイスを固定したまま手首を回転させて、3の面と4の面を相手に見せる。「3の裏側は4である」ことを確認してもらう。

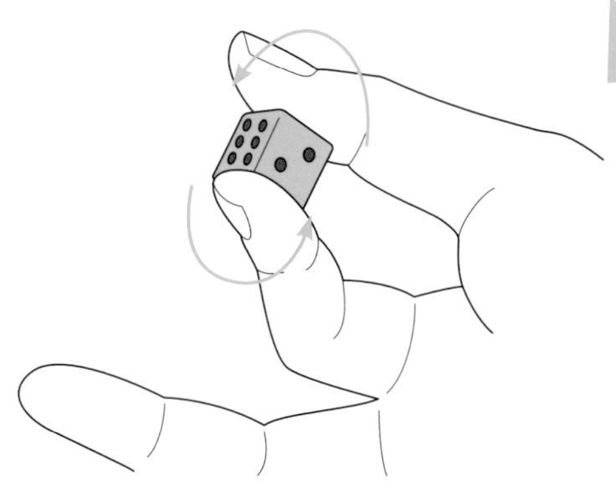

3 手首の回転と同時にダイスも90度回転させる

今度は手首を回転させながら、ダイスを奥に90度回転（2回転）させる。すると、2の面が手前に来る。

Magic : 34　レベル1：かんたん！

箱の中のダイスの目を透視！

好きな目を
上にして箱に
入れて下さい
フタをして
渡して下さい
箱の中の
ダイスの目を
当てます！
ダイスの目は…
6ですね？
カラ
カラ
！
なんで分かるの！？

死角を利用し、数を確認！

後ろ向きになって絶対に見えない状態で、相手にダイスの好きな目を上にして、箱の中に入れてもらいます。フタを閉じて振り、中の音を聞くと…どの数字が上を向いているのかを百発百中で当てられるのです。**実はこれ、透視ではなくダイスの箱のフタをずらして、箱の中を見ているのです**。相手からはフタが閉じたままに見えることを活かしたトリックです。箱を振って相手の意識を音に集中させることも重要なポイントです。

必要な道具

ダイス

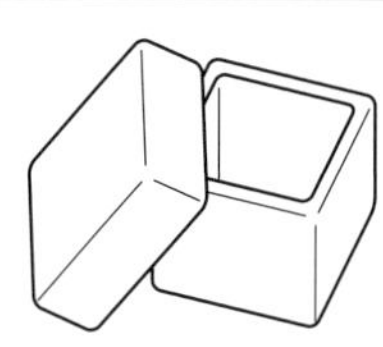

フタ付きの四角い箱
ダイスがほぼぴったり入る大きさのもの

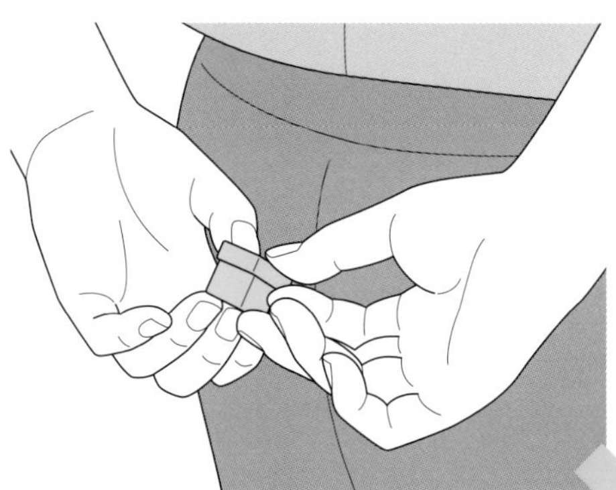

1 相手にダイスの好きな目を上にして箱に入れてもらう

自分は後ろを向いて「好きな目を上にして箱に入れてください」と言う。相手がダイスを箱の中に入れたらフタをしてもらい、後ろを向いたままそれを受け取る。

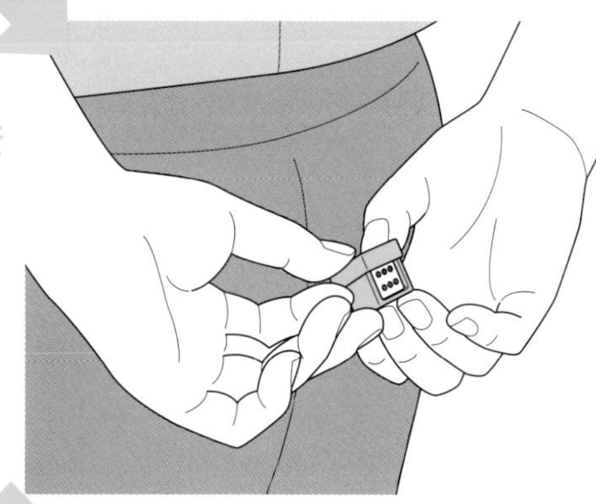

2 ダイスの入った箱のフタを腰の後ろで開ける

箱を受け取ったら手はそのままで相手の方を向く。そして後ろ手で受け取った箱のフタを、ダイスが入った箱を 90°回転させる。

箱の開いてる方は
自分に向ける
ダイスの目は
6ではありませんか？

3 相手に分からないようダイスの目を見る

音を聞くフリをしながら、耳元へ持ってくる時にさりげなくダイスの数字を目で確認して、相手に伝える。

ワンポイントアドバイス

ダイスをじっと見てしまうと、バレてしまうので、箱を振って鳴る音を聞くフリをしながら、さりげなく確認するのがポイント。音を聞くフリは少々オーバーに行うと、相手の目を反らせる。

Magic：35　レベル２：少し練習

少人数向け

子どもにウケる

立ち上がるマッチ箱

マッチ箱に
おまじないを
かけると…

見えない糸で
引き上げられて
いるかのように
立ち上がります！
!

自在に操るためには慣れが必要

手の甲に置いたマッチ箱が、少しずつ起き上っていきます。さらに再び指を伸ばしていくと、マッチ箱も元通り倒れてしまいます。**実は手の甲の皮にマッチ箱を挟んで、指を曲げ伸ばしすることで操作しているという簡単なトリックです。**しかし、自在に立ち上げたり倒したりするためには慣れることが必要。あらかじめ練習しておくといいでしょう。相手からの見える角度にも気をつけましょう。

必要な道具

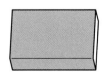

マッチ箱（１つ）
中身は入っていない方が
扱いやすい

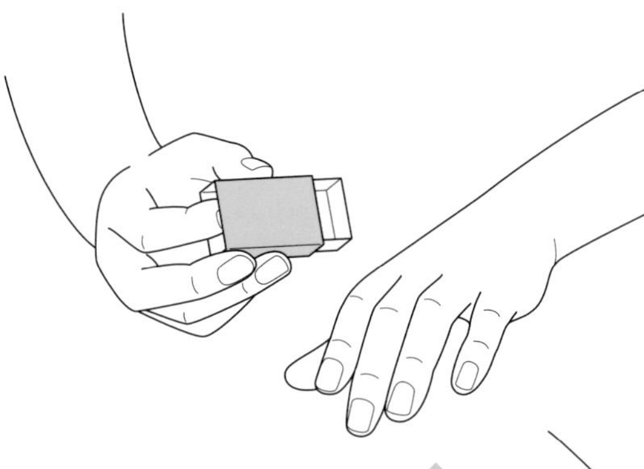

マッチ箱を少し開いて手の甲の皮を挟んで閉める

手の甲の上 1/3 程度のところの皮をマッチ箱に少し挟み、相手に分からないよう箱を閉める。

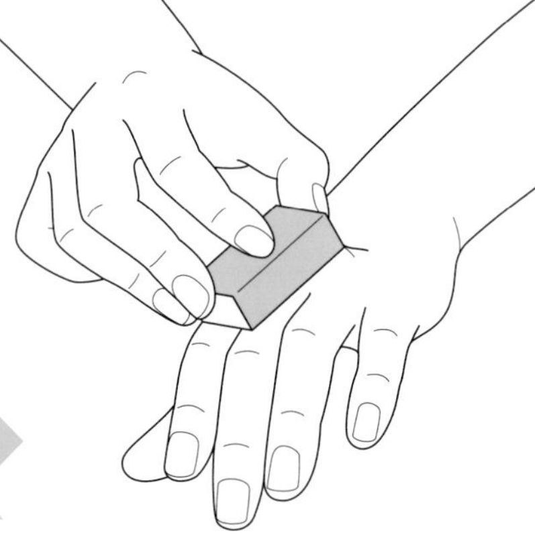

そのまま少しずつ指を曲げていく

手の甲の皮が引っ張られることで、マッチが少しずつ起き上っていく。指を戻すと、マッチも倒れる。

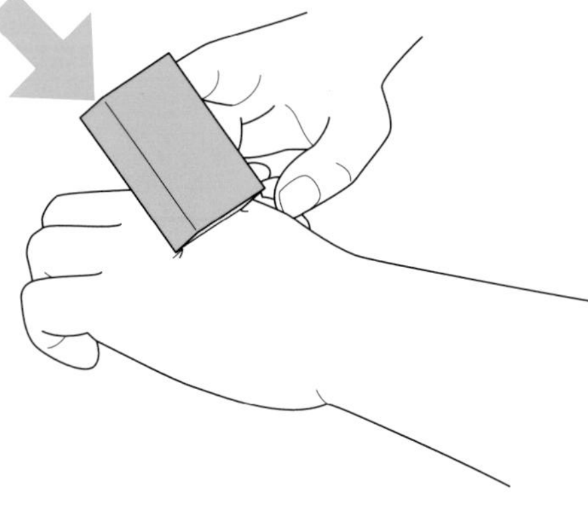

ワンポイントアドバイス

原則としてマジックはタネ明かしをしないものだが、場合によってはタネを明かしても OK。このマジックは、注意深く見ればトリックを見抜くことができる。そういうときは逆にタネを明かして、みんなでやってみるのも面白い。

Magic : 36　レベル１：かんたん！

中身が逆になるマッチ箱

お互いの
箱にマッチが
入って
いますね

私と
同じように
箱を回転
させて
ください

開けて
みると…

おや？
向きが
違いますね

?

仕込みだけのカンタンマジック

２人で同じマッチ箱を持ち、左右同じように回転させて中身を引き出すと…不思議なことに中箱の向きが入れ替わってしまいます。なぜなら、実は中箱には仕掛けが施されていて、**普通のものと上下反対のものが半分ずつになっているのです**。縦方向の回転で中箱の向きが変わるので、縦回転を必ず１回（奇数回）だけ行うのがポイント。２回（偶数回）行うと元に戻ってしまいます。

必要な道具

マッチ箱（２つ）
ひとつには、中箱に細工をする。もうひとつは相手にそのまま渡す

準備 マッチ箱の中箱を半分に切って片方を逆さにしておく

あらかじめマッチ箱に細工をする。マッチ箱の中箱を半分に切り、片方を逆さに被せる。そのまま外箱に戻す。

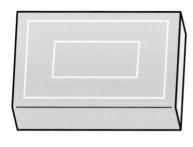

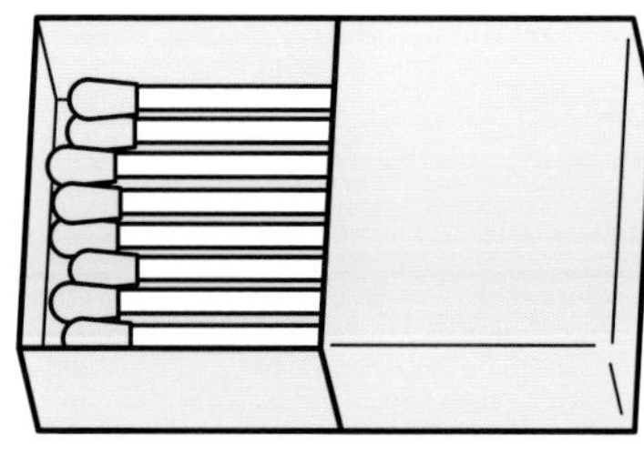

自分

同じように
一緒に回して
ください

相手

縦回転を奇数回挟んで何度か回転させる

回転させる回数は任意だが、必ず縦回転を奇数回加える。そうすることで、相手の中箱の底が上になる。

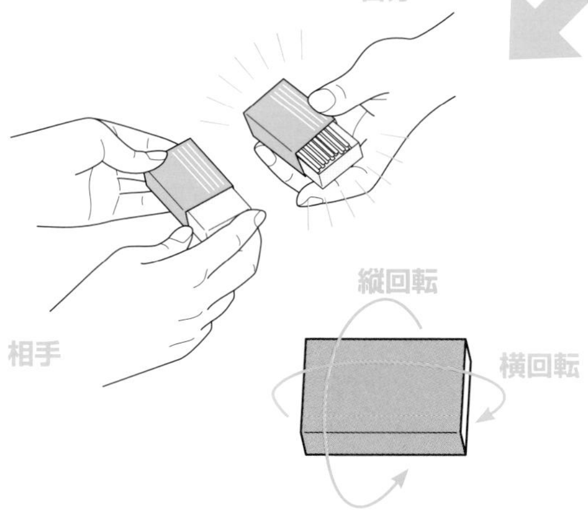

中箱の向きを確認する

お互いに中箱を押し出して、向きを確認する。押し出す方向によっては両方とも底面が出るので、その場合は「一緒ですね。それではまた一緒に回してください」と、必ずいったん回転を挟むこと。すぐに反対側を出すとタネがバレてしまう。また、中箱を半分以上出してもバレてしまうので、少しだけ出すように。

Magic:37 レベル１：かんたん！

少人数向け

子どもにウケる

絡まっているはずのストローが簡単に外れる！

２本のストローを
絡ませます

絡まったところに
息を吹きかけると…
ふっ

このとおり
はずれます！

巻き付ける順番に工夫

２本のストローを真ん中でクロスさせてお互いに巻き付け、さらに何度もグルグルと巻きます。ガチガチに絡み合ったストローですが、ふっと息を吹きかけると、一瞬にして外れてしまう、というマジックです。一見絡んでいるように見えるストローですが、**巻き方にひと工夫することで実は絡んでいない状態になっています**。ストローをクロスさせるときの上下や、巻きつける順番を間違えないよう注意しましょう。

必要な道具

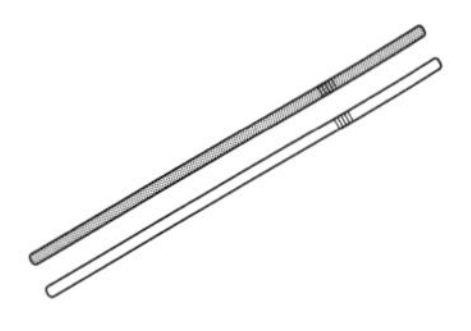

ストロー（２本）
同じ色の方がトリックがバレにくい（ここでは解説のために色違いのストローを使用）

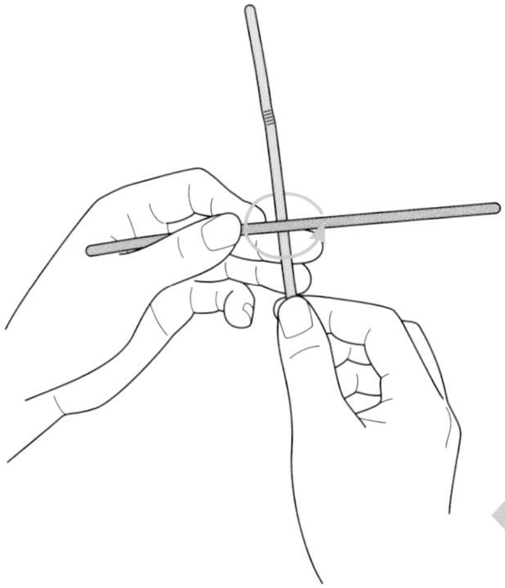

1 2本のストローを交差させて1回巻き付ける

横のストロー（グレー）が手前になるように、2本のストローを十字に重ねる。横のストロー(グレー)を1回転させて縦のストロー（青）に巻き付ける。

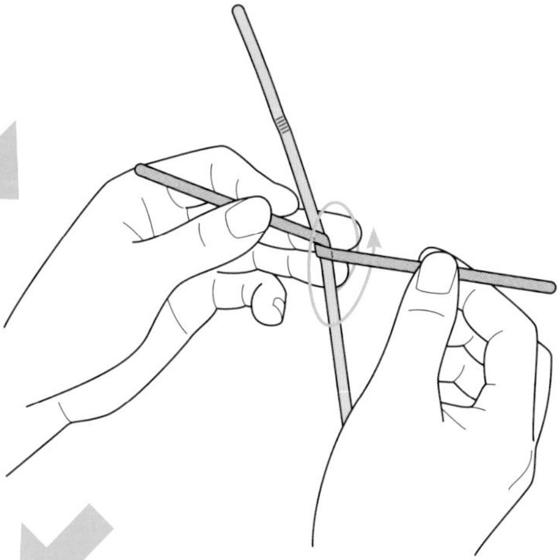

2 もう1本も巻き付けて絡んでいるように見せる

縦のストロー(青)を横のストロー(グレー)に、下から上に1回半巻き付ける。その後、グレーのストローの両端、青のストローの両端を持つ。絡んでいるように見えるが、実際は絡んでいないので、引っ張ると簡単にほどける。

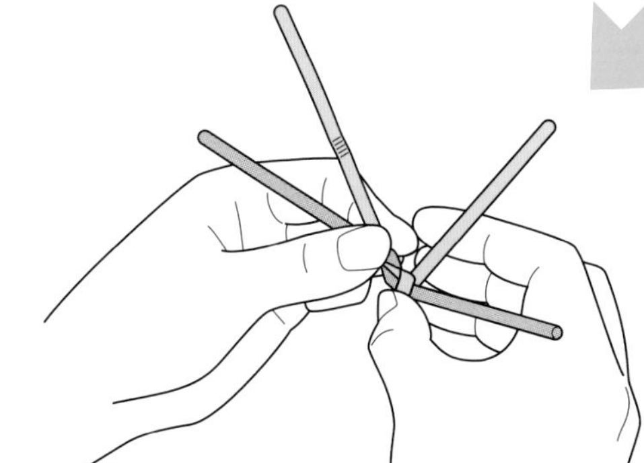

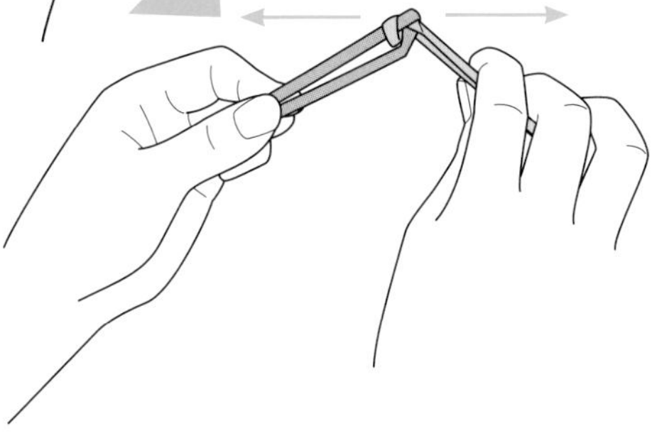

Magic : 38　レベル1：かんたん！

割り箸がストロー代わりに!?

割り箸でお茶を
飲めると
思いますか？
そんな事は
出来ません

ところが
この通り
飲めちゃいます
ずず～～
？
？
？

バレないよう、角度に注意！

まずは相手に、「コップに入ったお茶を、口を付けないで飲めますか？」と問いかけましょう。手元には割り箸があります。「割り箸は木でできています。木には毛細管が通っているので、実はこれで飲めるんです」と説明。割り箸をコップに入れて飲みほして見せます。**タネは割り箸の裏に貼り付けたストローというかんたんなもの**。仕込んだストローが相手から見えないよう、気を付けてください。

必要な道具
割り箸（1膳）
袋に入ったもの
ストロー
相手に見えにくいよう、透明で細いもの。割り箸よりも少し短くする
グラス
中にお茶を入れておく

準備 割り箸の裏にストローを貼り付けて袋にしまう

あらかじめ割り箸の裏に表からは見えないようにストローを貼り付けて、袋に入れておく。

1 ストローが見えないようにお茶を飲む

相手から見えないように注意しながら、割り箸を取りだし、「お茶をコップに口をつけずに飲めますか？」と問いかけた後、コップに入れてお茶を飲んで見せる。

なんと割り箸の
毛細管で飲めて
しまうんです!!

Magic : 39　レベル 1：かんたん！

2 本に感じる不思議なストロー

中指と人差し指を
交差させて目を
閉じて下さい

ストローは
何本ですか？

1本
です

何本ですか？

2本
です

ではこれは？

2本
です

目を開けて
みて下さい

？
あれえ？
？　？

錯覚を利用した簡単マジック

人差し指と中指をクロスしてもらい、その両側にストローを当てます。次に目を閉じてストローを当てると、1 本しか当たっていないのに、なぜか 2 本あると感じてしまいます。**これは人間の感覚を利用した、とても簡単なマジック**。タネも仕掛けもなく、そう感じてしまうだけです。ストローが 2 本あればすぐにできるので、カフェやレストランなどでもすぐに披露できます。相手とコミュニケーションをとるきっかけにもなりますね。

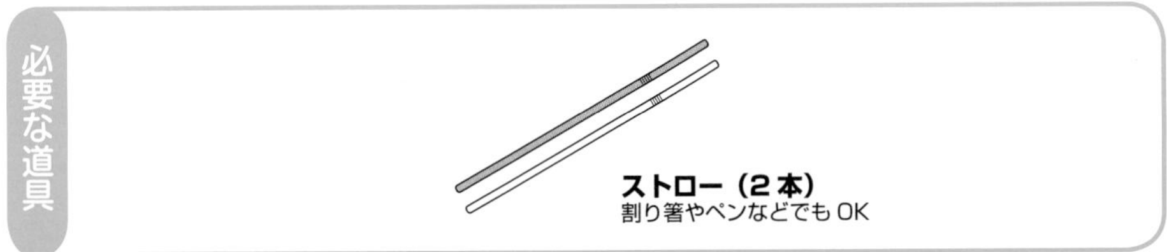

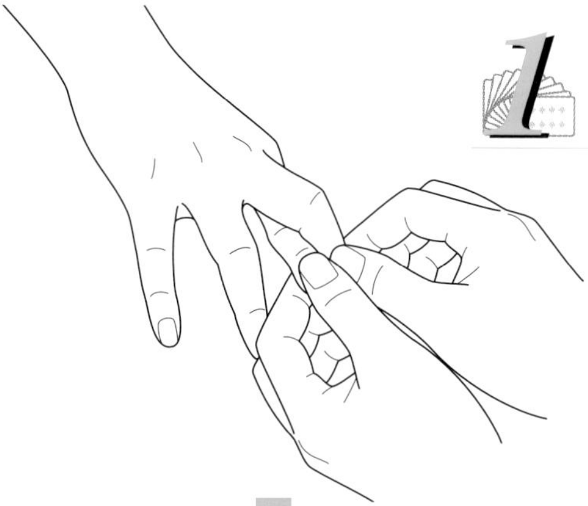

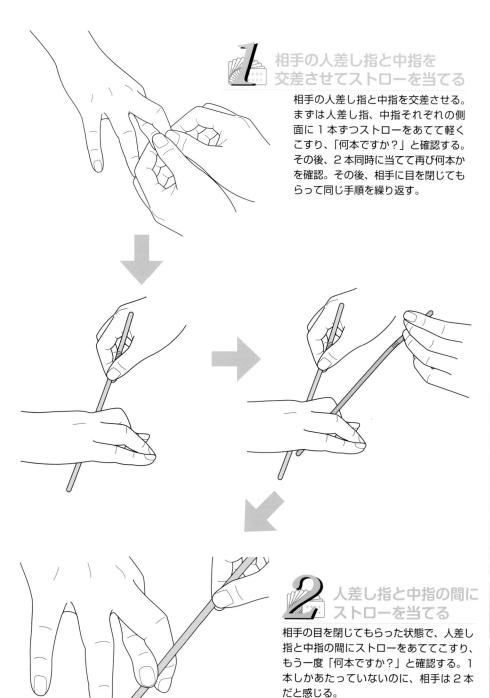

1 相手の人差し指と中指を交差させてストローを当てる

相手の人差し指と中指を交差させる。まずは人差し指、中指それぞれの側面に１本ずつストローをあてて軽くこすり、「何本ですか？」と確認する。その後、２本同時に当てて再び何本かを確認。その後、相手に目を閉じてもらって同じ手順を繰り返す。

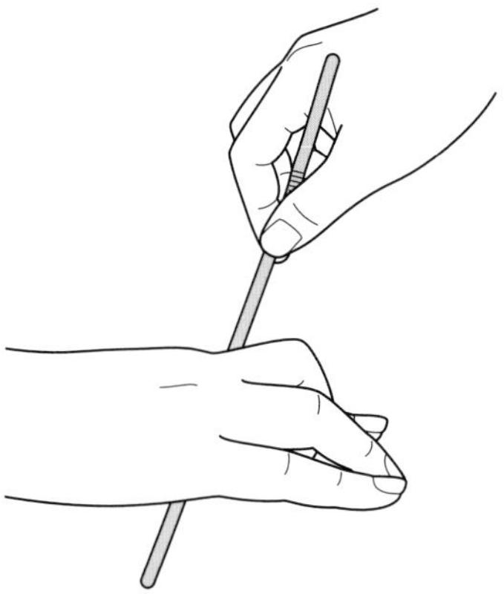

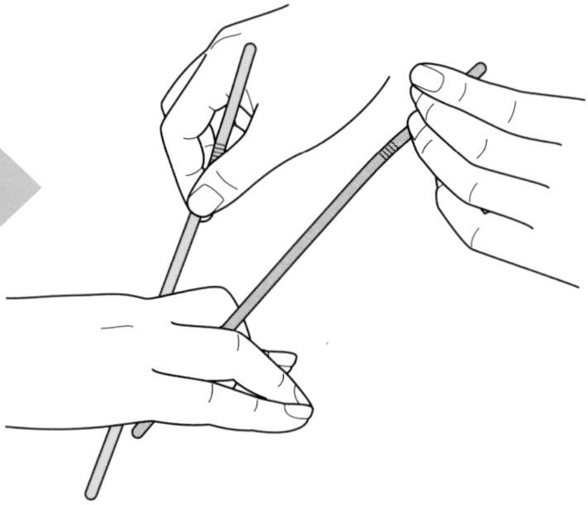

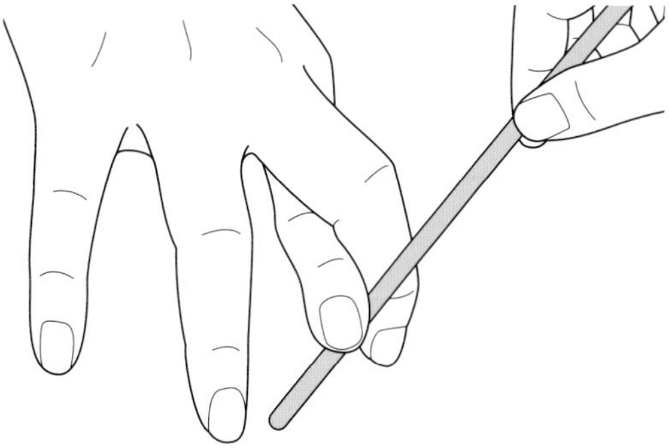

2 人差し指と中指の間にストローを当てる

相手の目を閉じてもらった状態で、人差し指と中指の間にストローをあててこすり、もう一度「何本ですか？」と確認する。１本しかあたっていないのに、相手は２本だと感じる。

Magic : 40 レベル２：少し練習

１枚の紙が見せる天国と地獄

切り刻まれた飛行機が天国と地獄に

長方形の紙を１枚用意し、「この紙１枚で天国と地獄を表現します」と伝えて飛行機の形に折ります。紙飛行機は天国へ向かって飛びますが、途中で事故に遭って真っ逆さまに墜落してしまいます。紙飛行機をハサミで切り刻み、一部を相手に渡します。まずは**自分の手元に残った紙を１枚ずつ開いていくと、「HELL（地獄）」という文字に。最後に相手に渡した紙を広げると十字架となり**、これで天国と地獄が表現されたことになります。

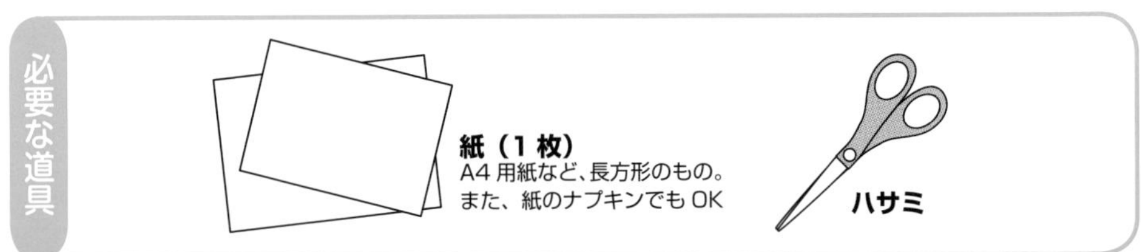

必要な道具
紙（１枚）
A4 用紙など、長方形のもの。
また、紙のナプキンでも OK
ハサミ

1 紙飛行機を作って天国と地獄の説明をする

長方形の紙を図のように折りながら、紙飛行機を作る。完成した紙飛行機は「天国へ飛んでいきます」と説明。

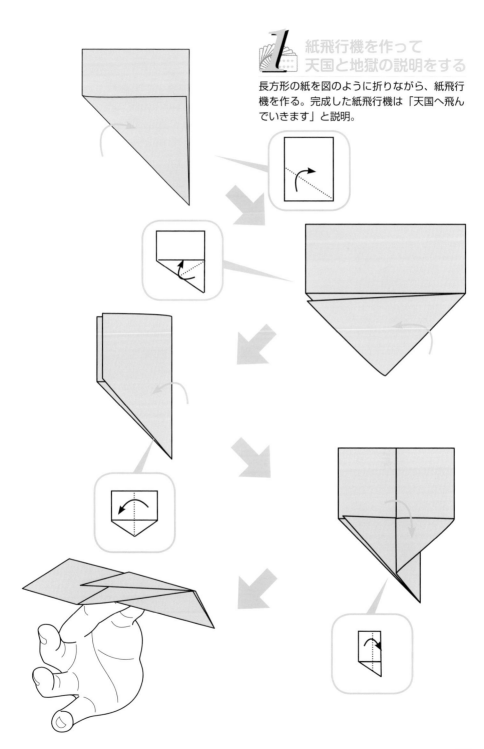

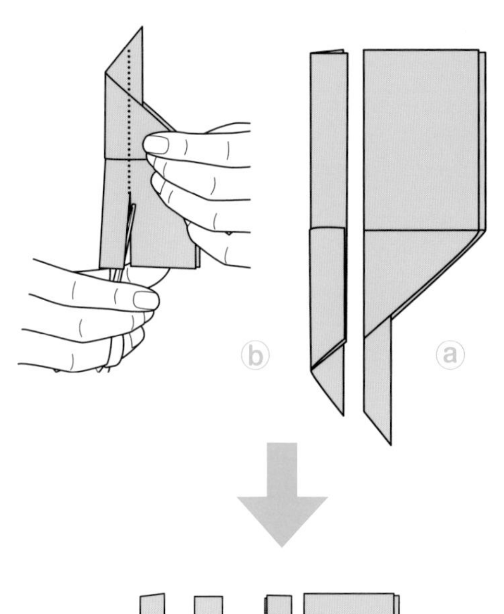

2 紙飛行機をハサミで切る

「飛行機が墜落しました」と言って、紙飛行機の本体部分を縦に切って、パーツⓐとⓑに分ける。

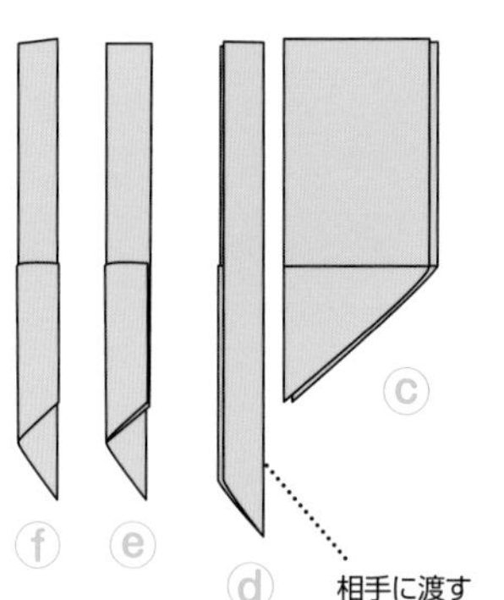

3 パーツの1つを相手に渡す

パーツⓐをⓒとⓓに、パーツⓑをⓔとⓕに分ける。そのうちパーツⓓを相手に渡す。

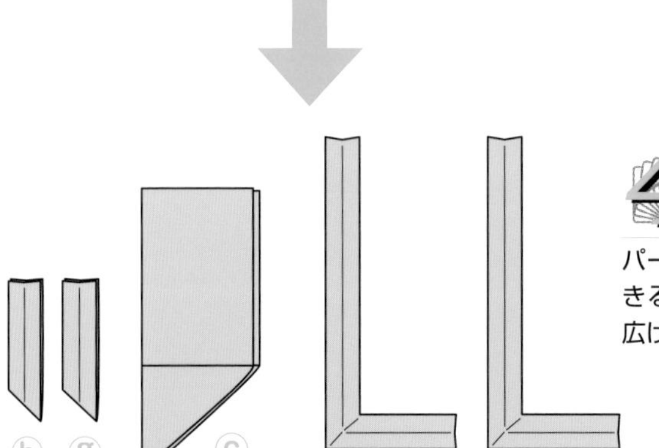

4 パーツを開いてまずは「L」の字を作る

パーツⓔをそのまま開くと、「L」の文字ができる。パーツⓕからⓖとⓗを取り出した後に広げると、もう1つ「L」の文字ができる。

5 パーツを組み合わせて「H」と「E」を作る

パーツⓒを分解して広げると、ⓘ、ⓙ、ⓚ、ⓛの４つになる。それらと手順４のパーツⓖ、ⓗ組み合わせて、下のイラストのように「H」と「E」の文字を作る。これで地獄を意味する「HELL」の４文字が完成する。

分解

ⓒ ⓘ ⓙ ⓚ ⓛ

ⓘ ⓚ ⓙ ⓖ ⓛ ⓗ ⓔ ⓕ

ⓓ

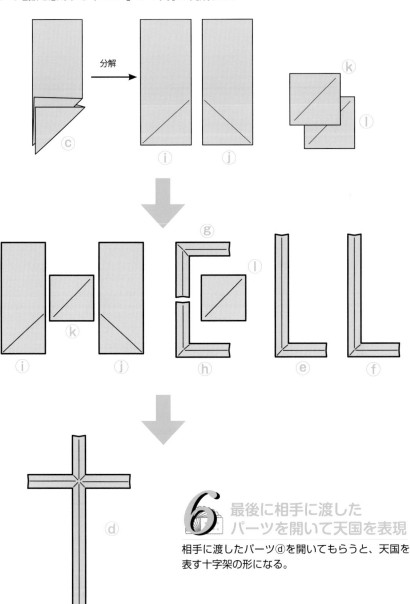

6 最後に相手に渡したパーツを開いて天国を表現

相手に渡したパーツⓓを開いてもらうと、天国を表す十字架の形になる。

Magic：41　レベル 1：かんたん！

大人数向け

相手が選んだ本のページ数を予言！

好きな数字を
3つ書いたら
指示通り
計算して
下さい
MAGAZINE
619

答えの
ページを
開いてみて
下さい
!
18 ページが
ない！

実は
封筒の中に
予言されて
いたのです
!!
答えの
ページが
入ってる！

雑誌の該当ページが消えている!?

相手に異なる数字を３つ挙げてもらい、それを使って簡単な計算をしてもらいます。導きだされた数だけ、雑誌のページをめくってみると、なんと該当ページが消えています。これは、**どう計算しても同じ数になる数字マジック**。数字を言い当てるだけでは計算のトリックが目立ってしまうので、「ページが消える」といった演出をプラスしています。３つの数字を別の人に挙げてもらうと、より偶然の要素が強調されます。

必要な道具

Sketch
Book

スケッチブック

FREE

雑誌
薄めのものが
向いている

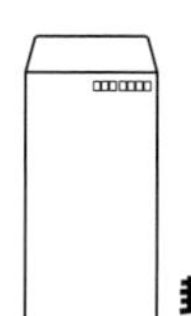

封筒

準備 18ページを破って封筒の中に入れておく

このマジックでは、相手がどんな3ケタの数字を書いても必ず最後に導かれる数は「18」になる。数字をそのまま封筒に入れるよりも雑誌から該当ページが消えている方が驚きにつながるため、雑誌を破って使用する。あらかじめ雑誌の18ページめを切り取り、封筒に仕込んでおく。

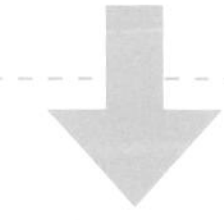

1 相手に好きな3ケタの数字を計算してもらう

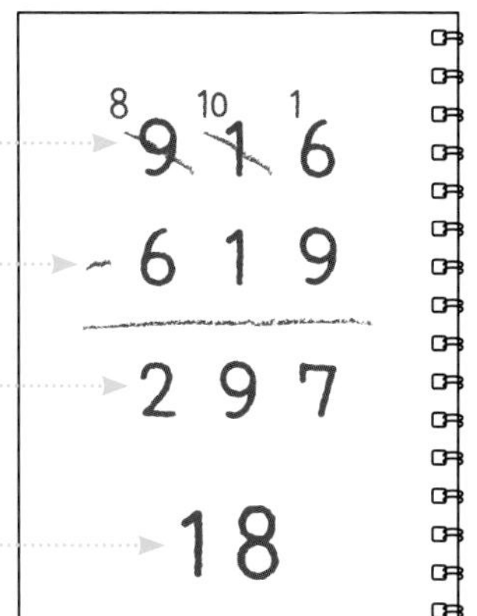

相手にスケッチブックを渡して、以下の手順で計算してもらう。

①：異なる1桁の数字を3つ選んで、3桁の数字を書いてもらう。
②：①の数字の上に、①で出した3桁の数字の、百の位と一の位を入れ替えた、3桁の数字を書いてもらう。
③：②の3桁の数字から、①の3桁の数字を引いてもらう。②の数が①より小さい場合は、①から②を引いてもらう。
④：③の計算で出た数字で、それぞれの桁の数字を足してもらう。
⑤：④の計算結果は必ず「18」になる。

2 雑誌の18ページを相手に開いてもらう

出た数字の該当ページを相手に開いてもらう。すでに18ページがないため、相手は驚く。最後にあらかじめ予言していたことを告げて、封筒から18ページを取りだす。このマジックは2度行うとタネがバレてしまうため、1度だけしかやらないように。

Magic：42 レベル１：かんたん！

辞典から相手が選んだ単語を予言する！

国語辞典に仕込んだ大胆なトリック

相手が辞典の中から選んだ単語をピタリと言い当てる、シンプルながらインパクトの大きいマジックです。**タネは相手の知らないもう１冊の辞典。裏表紙からページをくり抜いておき、相手が挟んだメモをのぞき見ることができるようになっています。**そのため、相手には「辞典が２冊ある」ことを知られてはいけません。スケッチブックで完全に隠せるよう、ページ数の少ない小さいタイプの辞典を用意してください。

必要な道具

国語辞典（２冊）
100円ショップなどで売っている薄めのもの。全く同じものを２冊用意する

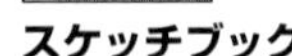

スケッチブック

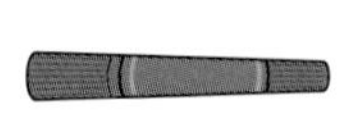

油性ペン

準備 同じ辞典を2冊用意して、1冊を後ろからくり抜いておく

2冊の辞典のうち、1冊の表紙から十数ページ残してページの大半を枠を残してくり抜く。それをスケッチブックの下に隠しておく。

1 もう1冊の辞典を相手に渡して好きな単語を選んでもらう

相手にくり抜いていない方の辞典とメモ、油性ペンを渡し、適当に開いたページから好きな単語を書いてもらう。

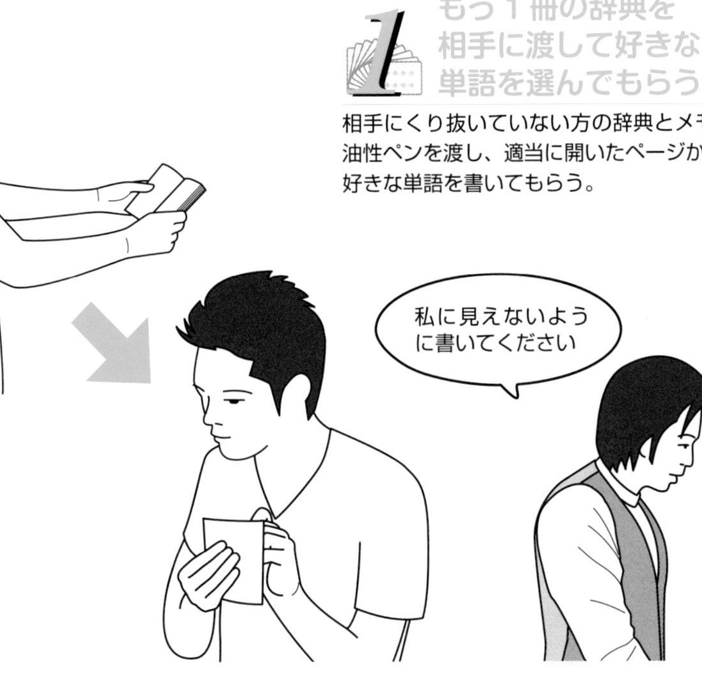

私に見えないように書いてください

コイン
お札
カード
スプーン
ひも
新聞紙
ハンカチ
ダイス
マッチ
ストロー
紙
その他

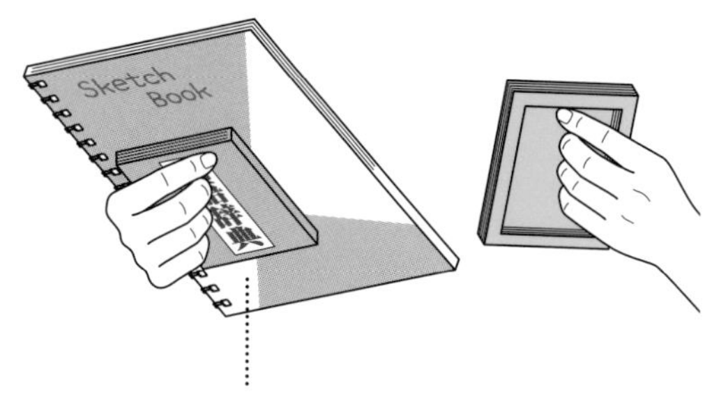

相手には見えないように。
相手が単語をメモに書いているときに行うといい

2 スケッチブックの下で2冊の辞典をすり替える

相手にメモを書いてもらっている最中に、相手に見えないようにスケッチブックの下で辞典をすり替える。

3 すり替えた辞典の中に単語を書いた紙を挟んでもらう

「書いた内容が透けて見えないように、メモを辞典に挟んで下さい」と言って、穴が空いた辞典をテーブルの上から離さないまま、相手が書いたメモを裏返した状態で中に挟んでもらう。

4 辞典の裏からメモを見る

そのまま辞典を透視するフリをして、裏から書かれた単語を確認する。その単語をスケッチブックに書いて相手に伝える。

Magic:43 レベル2:少し練習

指輪が一瞬で他の指に移動！

目の錯覚を巧みに利用！

自分の中指にしっかりとはまった指輪が、「ワン・ツー・スリー」と唱えると、相手の目の前で一瞬にして人差し指に移動します。これは、相手の目の錯覚を利用したマジックです。**実際は、見えている指が入れ換わっているのに、指輪自体に気を取られているため相手は気付きません**。手の動きや掛け声で、うまく相手を誘導してください。ここでは、同じ指輪移動のマジックの中から２つのバージョンを紹介します。

必要な道具

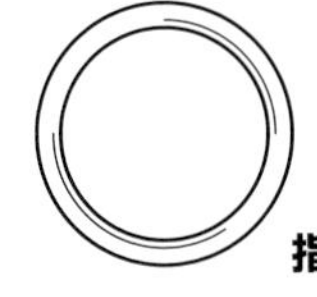
指輪

指輪が一瞬で移動する！

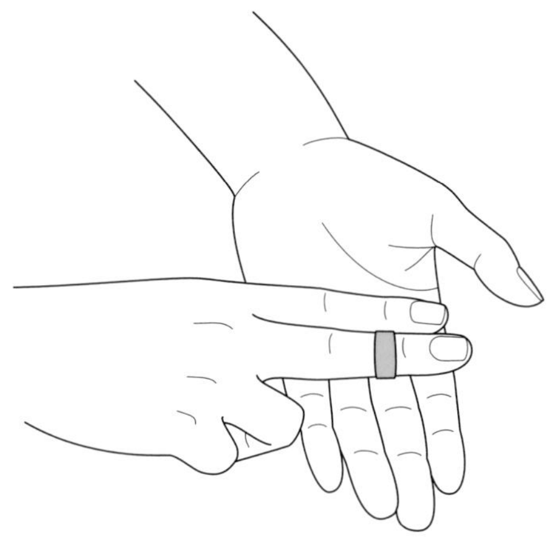

1 中指に指輪をはめて人差し指と一緒に見せる

指輪が指先に近いほうが相手は不思議に感じやすいため、中指の第2関節より先に指輪をはめる。中指にはめた指輪を人差し指と一緒に2本同時に見せることで、相手は「指輪をはめている中指が下である」と錯覚する。

2 反対の手で隠すように人差し指と薬指を入れ替える

反対の手の下に移動させると同時に、「ワン・ツー・スリー」とかけ声をかけ、人差し指を曲げ、代わりに薬指を伸ばす。すると相手は中指の指輪が人差し指に移動したように錯覚する。

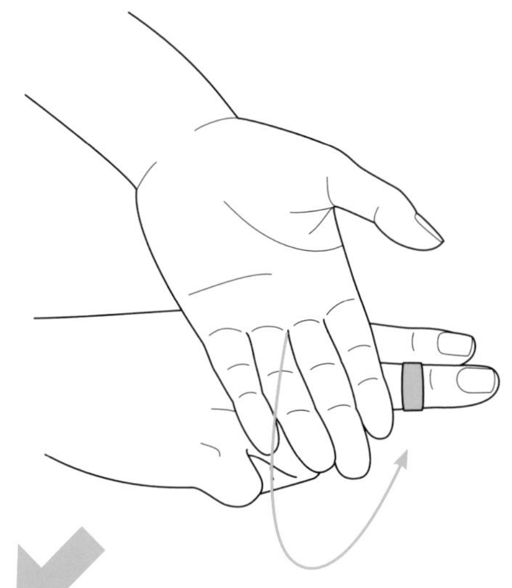

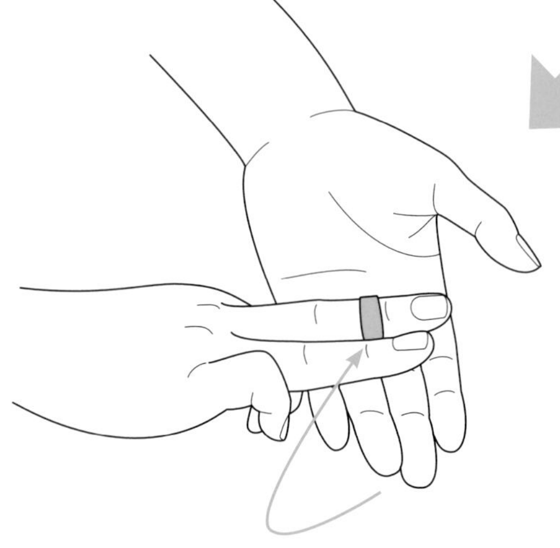

3 中指と薬指を見せたらすばやく元に戻す

中指と薬指を長時間見せるとタネに気づかれてしまうおそれがあるので、一瞬だけ見せてすぐに反対の手の下に隠し、人差し指と中指に戻して再び見せる。この手順を素早く繰り返せば、相手に指が変わっていることに気づかれにくい。

指輪が消えて再び現れる！

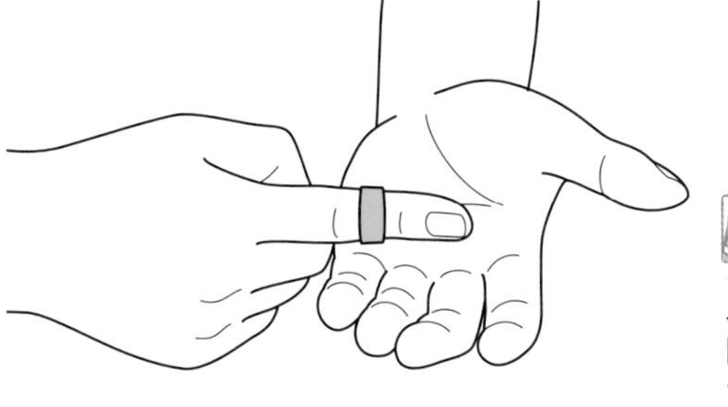

1 人差し指に指輪をはめて反対の手に添えて相手に見せる

人差し指にしっかりとはめた指輪を、反対の開いた手の平（ここでは左手）に乗せて強調する。

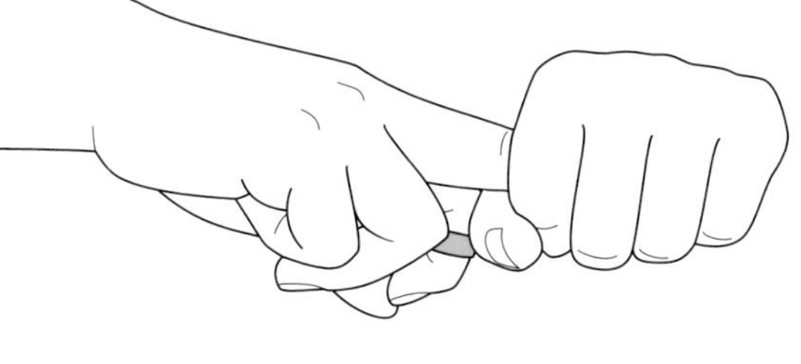

2 相手に見えないよう人差し指を曲げて中指を見せる

人差し指を左手でつかんで指輪を抜き取ったように見せかけ、中指を見せる。

3 左手を開いて相手の目を引きつけ人差し指を見せる

左手をパッと開いて相手の注意をそらすと同時に右手の人差指を伸ばして中指を曲げれば、相手には一瞬で指輪が現れたように見える。

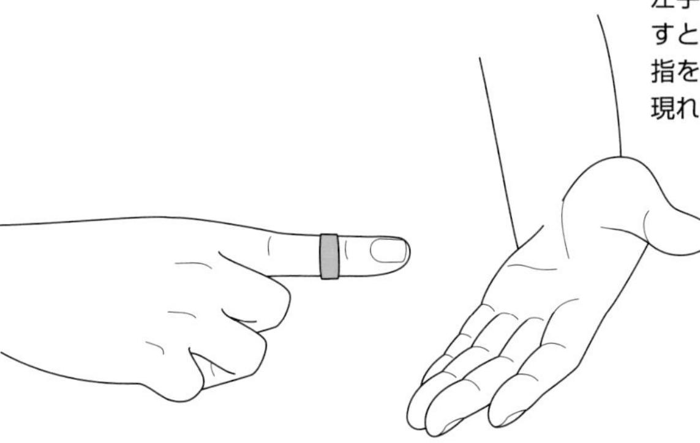

Magic：44　レベル1：かんたん！

少人数向け

子どもにウケる

指に通したゴムバンドが隣の指に瞬間移動！

人指し指と中指に
ゴムバンドを
はめます

ぐっと握って
ワン、
ツー、
スリー！

とやると、
ゴムバンドが
移動して
しまい
ました
！

ゴムバンドのはめ方に細工

人差し指と中指にゴムバンドをはめ、外れないように上からバリケードを作ります。おまじないをかけると、指の間のゴムバンドが一瞬でバリケードを越えて小指と薬指に瞬間移動します。この**トリックは手を握った時のちょっとした工夫にあります**。手元が相手に見えないように、ゴムバンドをひっぱるタイミングで手首を自分側に返すようにしましょう。トリックの単純さのわりに与えるインパクトが大きいマジックのひとつです。

必要な道具

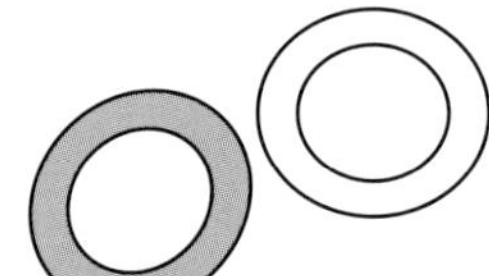

ゴムバンド（2本）

色付きのヘアバンドなどが分かりやすいが、ない場合は輪ゴムで代用できる

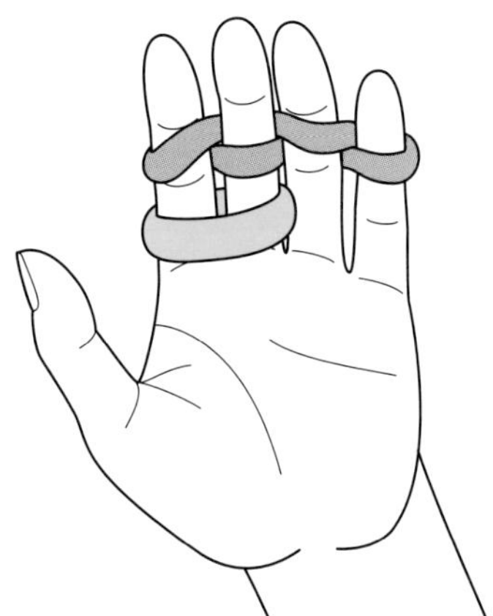

2本のゴムバンドを指に通す

2本のゴムバンドを図のようにしっかりとはめる。まず、人差し指と中指にゴムバンドを1本通して、そしてもう1本をねじりながら4本の指に通す。

自分から見た場合

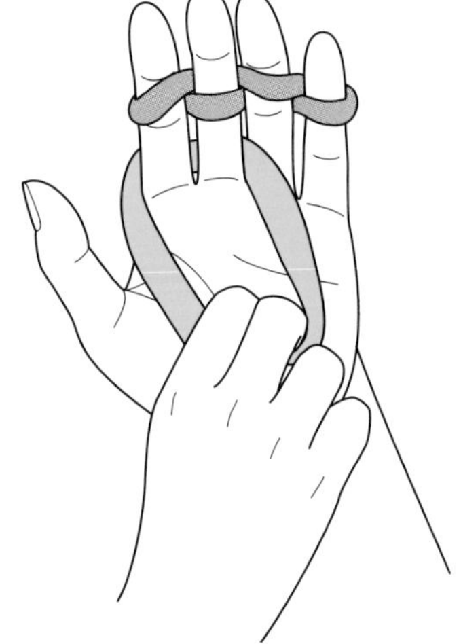

指を握るときにゴムバンドを引っ張り4本の指先にひっかける

手の甲を相手に見せる際に人差し指と中指にかけたゴムバンドを引っ張り、人差し指〜小指の先にかける。そのまま指をにぎり、手を開くとゴムバンドが小指と薬指に移動する。

自分から見た場合

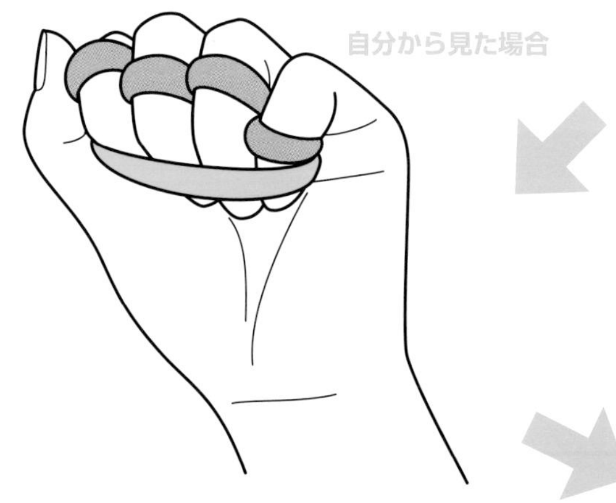

自分から見た場合

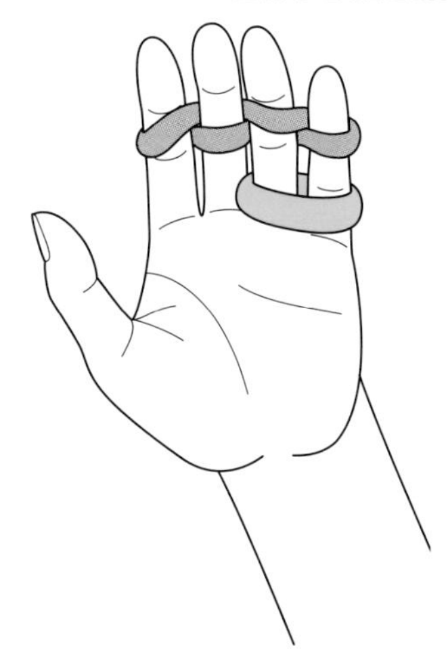

Magic：45 レベル2：少し練習

大人数向け

手にしたティッシュが次々消える！

このティッシュを
よーく見ていて
ください

目を離さないで
くださいよ～

アレッ
消えてしまい
ましたね…
!?

ギャラリーは大爆笑！

ティッシュケースから取り出したティッシュが相手の目の前で次々と消えていきます。間近で見ている相手にはトリックが分からないため不思議ですが、周囲で見ているギャラリーは**ティッシュを投げるだけという単純なトリック**に翻弄される相手の様子がおかしくて笑いが起きる…というマジックです。相手の視界を狭めるために、相手の目の前に手を持っていき、こちらのスピードに巻き込むのがポイントです。

必要な道具

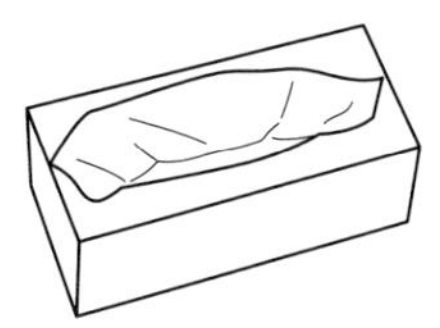

箱ティッシュ

相手を前屈みにさせて 自分の手を目の前で見せる

ティッシュケースから取り出したティッシュを丸めて手の平に収め、相手の目の前の位置に持っていく。ティッシュを両手で持ち替えたりしながら、相手の目を手にくぎ付けにさせる。

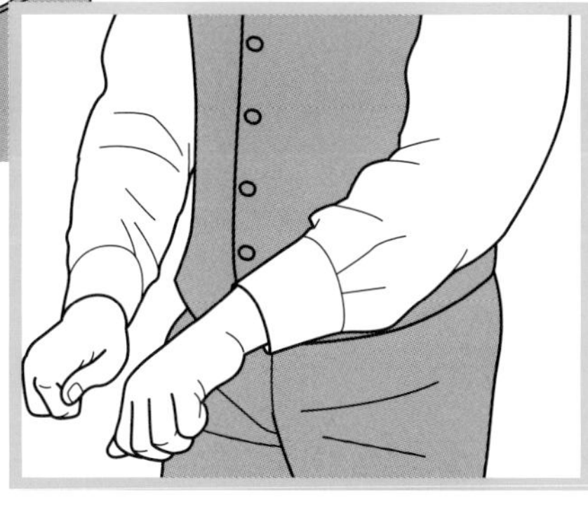

相手を片手に集中させて 視界の外でティッシュを投げる

両手で持ち替えるうちに、「よく見てください」などと言って相手の目を片手に集中させ、隙を突いてもう一方の手でティッシュを相手の後ろに投げ捨てる。その後、両手を開くと、相手はいつの間にかティッシュが消えたように感じる。

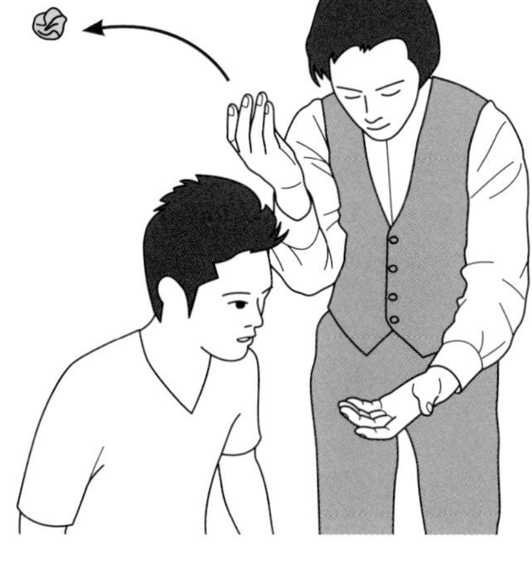

Magic：46　レベル1：かんたん！

クレヨンの色を見ないで当てる！

好きな色を
一本選んで
下さい

受けとった
クレヨンを
見ないで
当てます

これは
難しい…

けど、
たぶん
赤！

？
？
？

当たりです

クレヨンだからできるマジック

クレヨンの箱を相手に渡し、自分は後ろを向いて「好きな色を選んでください」と告げます。そのまま後ろ手に相手が選んだクレヨンを受け取ります。自分はクレヨンを見えない状態のまま、相手の顔の前に手をかざして、選んだクレヨンの色を当てます。これはクレヨンの特徴を活用したマジックです。**後ろに回した手で、クレヨンを爪でひっかいて色を爪につけておくのです**。あとはその色を相手に気づかれないよう確認するだけ。

必要な道具

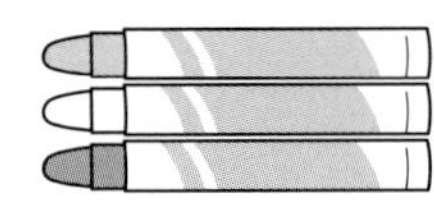

クレヨン（箱に入ったもの）

1 後ろを向いて腰に手を回し相手にクレヨンを渡してもらう

相手が選んだクレヨンを後ろ手で受け取る。

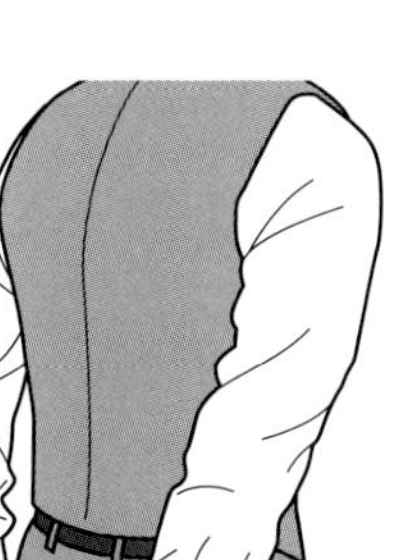

2 前を振り向き、爪先にクレヨンの色を付ける

相手の方を向いて、後ろ手のままクレヨンを親指の爪で少しひっ掻き、色を付ける。

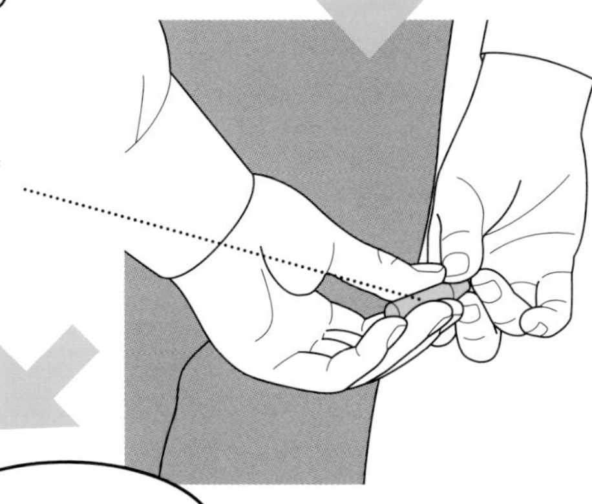

クレヨンを爪で
少しひっ掻く

3 爪先についた色を確認する

念を送るように相手の前に手をかざしながら確認すると、バレにくい。相手の前に手をかざした際、「海が好きなんですね」「女性らしい色ですね」など、もっともらしいことを言って透視している演技をすると効果的。

Magic：47　レベル３：しっかり練習

首に巻かれたネクタイが引っ張るだけでするりと外れる！

首に巻き付けた
ネクタイを…
ワン、
ツー、

巻きついてるようで実は引っかけてるだけ

ネクタイをグルリと首に巻きます。両端を引っ張ると当然苦しいはずです。しかし、「ワン・ツー・スリー」とカウントし両端を引っ張ると、今度はスルリと首から外れてしまいます。仕掛けはネクタイの掛け方で**す。首の後ろでクロスさせているように見えるネクタイですが、実は簡単に解けるように、首に掛ける際に工夫されています。**ネクタイに手をかける順番や、持つところを間違えないようにしましょう。

必要な道具
ネクタイ
やわらかいロープでも
代用可能

1 仕掛けに気づかれないようスムーズに巻き付ける

左側がやや長くなるよう、ネクタイを首にかける。左手で右のネクタイの上部を、右手で左のネクタイの下部をつかみ、図のように、右のネクタイを折った部分を左のネクタイに引っかけるようにしながら、左のネクタイをグルリと首に回す。

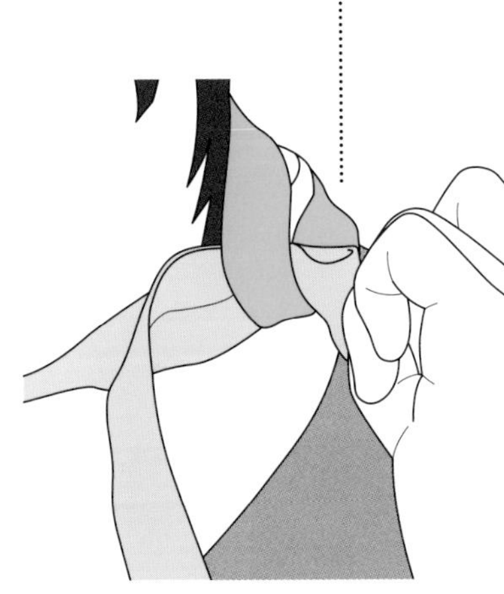

2 首のやや裏側でネクタイを引っかける

相手に見えないよう、ネクタイを引っかけてある部分が首の裏側にくるよう工夫すること。最後にネクタイの右端と左端を引っ張れば、ネクタイはスルリと外れる。

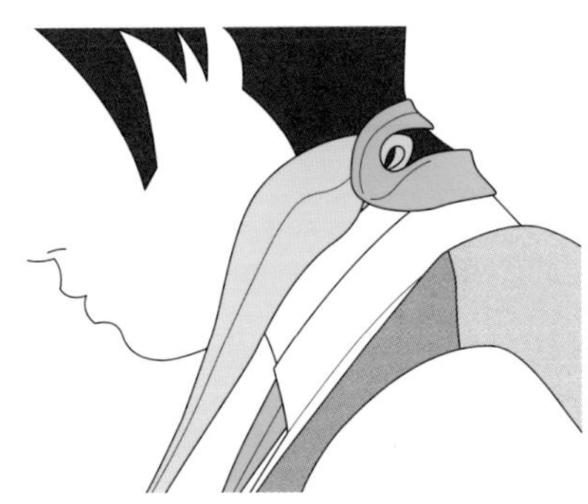

Magic:48 レベル3：しっかり練習

ハンガーが体のあちこちに移動する！

相手は不思議、周囲は楽しいマジック

目を閉じた相手には不思議に感じられますが、周囲にはタネが見えるため、見ている人に楽しいマジックです。**タネは相手が目を閉じている間にハンガーを動かす単純なもの**ですが、いかに気づかれずに動かすかがポイント。タネはシンプルでも技術が必要なので、しっかり練習しておきましょう。**なお、穴あきハンガーの存在は、相手に知られてはいけません**。ハンガーは１つだけという設定なのです。

必要な道具
四角ハンガー
市販のハンガーを、四角に折り曲げたもの
四角ハンガー（穴あき）
首や腕を通るサイズの穴をあらかじめ切っておく

準備 相手に目を閉じてもらい ハンガーを準備する

最初に相手に目を閉じてもらう。穴あきハンガーのフックを、相手に見えないよう襟の後ろ側にかけておく。四角ハンガーはネックレスのように首にかけたら、相手に目を開けてもらう。

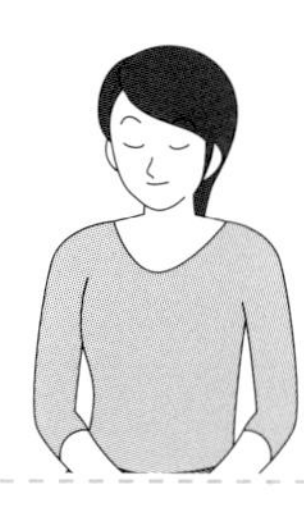

1-1 目を閉じた相手に 四角ハンガーを 握ってもらう

相手に四角ハンガーを片手で握ってもらったら、目を閉じてもらう。そのまま静かにハンガーを半回転させて、相手にハンガーを両手で握るよう言う。

1-2 相手にハンガーから 手を離してもらう

相手がハンガーを両手で握ったら、ハンガーを離してもらう。なお、両手はくっつけたまま。両手を組んでいる相手の腕の中に、四角いハンガーが通っている状況になる。

ハンガーを両手で
握ってください
相手がハンガーを離したら
背中のハンガーをわざと床
に落とす（手順３参照）

1-3 穴あきハンガーを わざと落としてから 四角ハンガーを 相手の腕に落とす

四角ハンガーが相手の腕に触れないよう注意しながら、襟の後ろにかけた穴あきハンガーをわざと床に落とす。これによって、相手は四角ハンガーが床に落ちたと勘違いする。穴あきハンガーを襟の後ろにかけ直したら、四角ハンガーを相手の腕に落として、目を開けてもらう。相手には四角ハンガーが腕を通過したように感じられる。

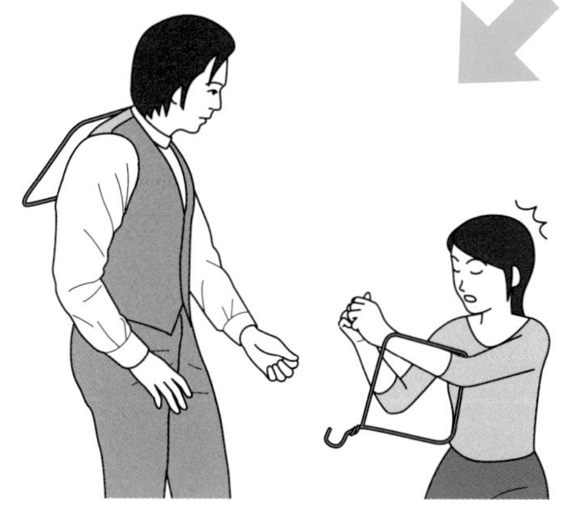

頭の上に右手を乗せて
目を閉じてください

2-1 相手に手を頭の上に載せてもらい腕に穴あきハンガーを通す

再び相手に目を閉じてもらい、右手を頭の上に乗せてもらう。背中の穴あきハンガーと四角ハンガーを入れ替えて、四角ハンガーは襟の後ろにかけて隠しておく。穴あきハンガーの穴を使って、右腕の輪の中に穴あきハンガーを入れる。このとき、ハンガーが腕に触れないことと、ハンガーの穴が相手に見えないよう、穴が相手の背中側に来ることがポイント。

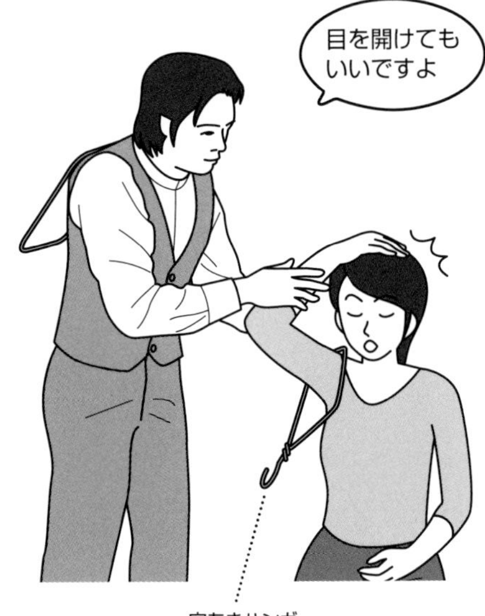
目を開けても
いいですよ
穴あきハンガー

2-2 穴あきハンガーを相手の腕に落とす

手順４で穴あきハンガーを相手の腕に通したら、穴あきハンガーを相手の腕に落とす。相手には四角ハンガーが、頭を触って輪になっているはずの右腕を通過したように感じられる。ここでいったん目を開いてもらってもOK。

目を閉じて左手を
横にまっすぐ
伸ばしてください
穴あきハンガー

3-1 手順５の状態のまま左腕を横に伸ばしてもらう

手順５の状態のまま、また目を閉じてもらい相手に左腕を横にまっすぐ伸ばしてもらう。四角ハンガーを取り出して、左腕に触れないように、二の腕あたりまでハンガーを通す。

左腕を腰に
当ててください
穴あきハンガー

3-2 ハンガーが左腕に触れないよう左手を腰に当ててもらう

手順 3-1 の状態から、相手に左手を腰に当ててもらう。ここでも四角ハンガーが相手の腕に触れないよう注意。次に、右腕に引っかかっている穴あきハンガーを、穴を相手に気づかれないようそっと外す。

目を開けても
いいですよ

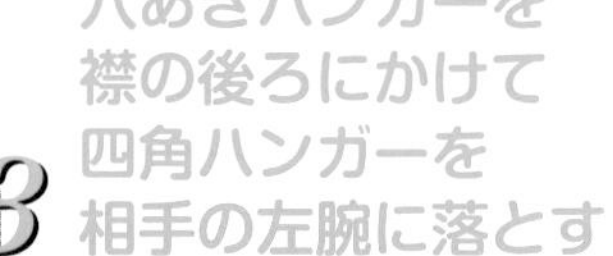

3-3 穴あきハンガーを襟の後ろにかけて四角ハンガーを相手の左腕に落とす

相手の右腕から外した穴あきハンガーを襟の後ろにかけて隠したら、四角ハンガーから手を離して相手の左腕に落とす。相手は右腕から左腕にハンガーが移動したと錯覚する。

ワンポイントアドバイス

このマジックのトリックは、見物している人にとってつい笑ってしまうもの。そのため、協力してもらう相手は、自分が何か笑われていると誤解してしまうかもしれない。誰か一人でも不快な気持ちになっては、そのマジックは大失敗。このマジックを行うときは、始める前に「このマジックは、見ている人はつい笑ってしまう内容です。決してあなたが笑われているわけではありません」と、しっかり伝えよう。

コラム

今すぐできる華麗なコインロール

「コインロール」はコインがまるで生きているかのように、指の上で回転させるテクニック。コインマジックの演出として使われ、華麗な指使いで相手を惹き付けます。スムーズにできるように練習しましょう。

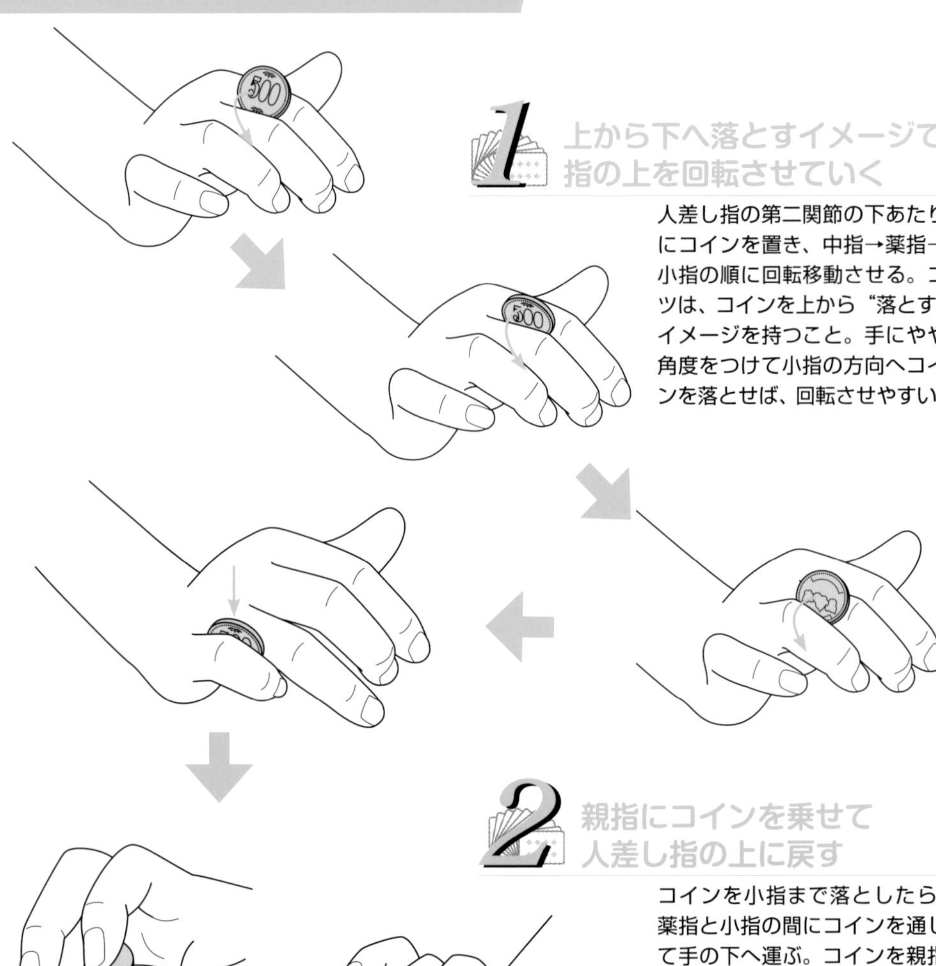

1 上から下へ落とすイメージで指の上を回転させていく

人差し指の第二関節の下あたりにコインを置き、中指→薬指→小指の順に回転移動させる。コツは、コインを上から“落とす”イメージを持つこと。手にやや角度をつけて小指の方向へコインを落とせば、回転させやすい。

2 親指にコインを乗せて人差し指の上に戻す

コインを小指まで落としたら、薬指と小指の間にコインを通して手の下へ運ぶ。コインを親指の腹に乗せたら、そのまま人差し指の上に戻す。この動作を繰り返し行う。上達すれば、逆に回したり、両手で同時に行ったりできる。

シチュエーション別おすすめマジック

マジックは「見せる相手」がいなければ成立しません。そこで、このページでは、マジックを見せる相手に応じて、それぞれ押さえておきたいポイントを解説。マジックは成功させる技術だけでなく、相手にどう見せるかも重要なのです。

「誰に」「どんな状況で」マジックを見せるのか？

あなたはいくつのマジックを習得できたでしょうか？ マジックは単体で見せるよりも、複数のマジックを組み合わせて見せることで、そのインパクトや面白さは何倍にもなります。

どのマジックをどう組み合わせるかは、「誰に」「どんな状況で」というシチュエーションがポイントです。相手が大人なのか、子どもなのか、大人数なのか、少人数なのかで、適したマジックが変わるからです。

それ以外にも、マジックを披露する際に押さえておきたいポイントがもあります。これらを踏まえて、マジックを成功させましょう！

自分のキャラクター次第でマジックの印象は大きく変わる

同じマジックでも、どんなキャラクターで見せるかによって、印象は大きく変わります。見せる相手や披露する場の雰囲気などを考慮して、どんなキャラクターがふさわしいかを決めましょう。

コミカルなキャラクター

ピエロのようなコミカルなキャラクターは、笑いと驚きのギャップで相手を楽しませることができます。もしマジックを失敗しても、笑ってごまかせるかも？

スタイリッシュなキャラクター

正統派とも言えるスタイル。軽快なトークと手際でスマートにマジックを披露すれば、拍手がもらえるでしょう。

ミステリアスなキャラクター

予言者のようにミステリアスな雰囲気を出せば、マジックを超能力のように見せられます。予言する内容のマジックに相性がいいでしょう。

最初と最後のマジックがポイント！

マジックを披露するときは、最初の「つかみ」と最後の「オチ」が大切です。つかみのマジックで相手の注目を集めて、オチのマジックでスマートにフィニッシュすることができれば、そのマジックは成功と言えます。最初と最後に披露するマジックは、しっかりと練習しておきましょう。

連続して見せるマジックは道具が同じものを選ぼう

マジックに使う道具を次々と変えると、見ている相手が展開についてこれず混乱するおそれがあります。そのため、複数のマジックを披露するときは、できるだけ道具が共通しているマジックを選びましょう。シンプルなマジックでも道具が共通なら、流れが生まれて面白くなります。

ひとつのマジックは２～３分程度が目安

マジックの長さは、１分以内に終わるもの、数分かかるものまでさまざまです。短いマジックはあまり手短になってしまうと、相手に分かってもらえないかもしれません。そこで、道具や手順を丁寧に説明したり、トークなどを交えたりして、相手が理解できるよう数分かけてゆっくり披露するのがいいでしょう。マジックは「相手に楽しんでもらうこと」が何よりも大切なのです。

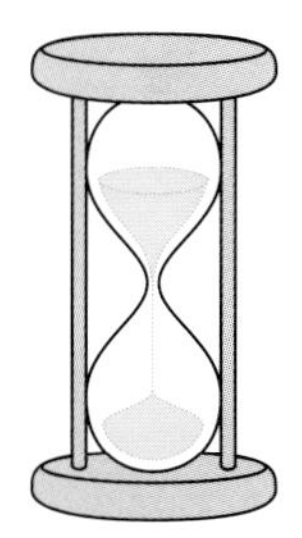

シチュエーション別のおすすめマジックはこちら！

会社の宴会で見せる場合 → P144

小学校の先生が生徒に見せる場合 → P148

デートで見せる場合 → P152

家庭で子どもに見せる場合 → P156

シチュエーション：01

会社の宴会などで一芸を披露するとき、マジックはおすすめの出しもの。シンプルながらみんなが驚くマジックで、同僚や上司を驚かせましょう。

会社の宴会で見せる場合

1
Magic : 14
ハンカチから次々にコインが！

やり方は P44 参照

コインをコップに落とす音で遠くの相手もわかる

コインが出てくるというわかりやすいマジックなので、「つかみ」のマジックとしておすすめです。自分の手元で現象を見せるマジックなので、離れた場所の相手には、何が起こっているのか見えにくい場合があります。ですが、コップの中にコインが落ちる音は聞こえるので、「ハンカチからコインが出てきます」と状況を説明してあげれば、離れた相手にも伝わるでしょう。

やり方はP20参照

ゆっくりのテンポで慎重に進めてOK

前のマジックからの流れで、コインを使ったマジックをもう１つ披露しましょう。このマジックも、コップにコインが落ちるときの音で何が起こったか伝わるので、離れた相手にも理解してもらえるでしょう。このマジックは手順が複雑なので、焦らず手順を確認しながら慎重に進めましょう。そのときに注意したいのは、慎重になるあまり黙ってしまうこと。沈黙が続くと相手には自信がないように見えてしまうおそれがあります。それを防ぐには、手順を言いながら進めるのがおすすめです（もちろん、タネ明かしになってしまう手順は言いません）。手順の確認と、相手への説明になります。

Magic:24 カードのマークと数字を新聞紙で当てる！

やり方はP74参照

カードを1枚引いて、
その内容を覚えてください
チョキ
チョキ

あなたの
持っている
カードは
これですね？

次のカードは…
ダイヤのキングですね？

慌てずにじっくりと手順を確認しながら進めよう

ここから道具をコインからトランプにチェンジ。「次はトランプを使ってみましょう」と一言添えるのを忘れずに。細かいようですが、何が起こるかわからないマジックだからこそ、状況を説明してあげることで、見ている相手は楽しむことができるのです。

この手品のポイントは、新聞紙の切り方です。失敗を避けるために、やはり手順をしっかりと確認しましょう。

なお、このマジックは最後に冠を作りますが、マジックが終わったら冠を相手にプレゼントすると粋な演出になります。その場合最後のカードを、相手が男性ならキング、女性ならクイーン、若い男性ならジャックにすると、いっそう効果的です。

4 Magic：45
手にしたティッシュが次々消える！

やり方はP130参照

このティッシュを
よーく見ていて
ください

目を離さないで
くださいよ～

アレッ
消えてしまい
ましたね…
!?

フェイントも適宜加えて テンポ良く行うのがポイント

オチとなるこのマジックは、相手の協力が必要です。「最後に、どなかたご協力をお願いします」と、協力してもらいましょう。

このマジックはシンプルですが、複数枚取って手の中に隠しきれない量のティッシュにしたり、こっそりと相手のひざ元にティッシュを落として「そこにありますよ」と指摘したりと、ティッシュの扱いにバリエーションを持たせると、ギャラリーも盛り上がります。また、消したと見せかけてまだ持っているなど、フェイントをかけるのも有効です。さまざまな手順をテンポ良く見せれば、相手は困惑し、ギャラリーはウケること間違いなし。最後に、相手と一緒に「ありがとうございました」と言って終了です。

?
?

シチュエーション：02

小学校の先生が生徒に見せる場合

学校の催しやレクリエーションなどでマジックを披露すれば、子どもたちは喜ぶこと間違いなし。会話や演出にも気をつけて、子どもたちの心をキャッチしましょう。

Magic：27 ロープをつかんだまま結び目は作れるか？

やり方は P83 参照

ロープの端を
持ったまま
結べますか？

なかなか
うまくいき
ませんね

では一緒に
やってみましょう

はい、この通り！
あれ～？

子どもと一緒にやって仕組みを理解してもらう

最初は子どもと一緒にできるマジックで興味を引きます。ひもを人数分用意できれば「結び目がつくれるかな？」の問題は教室のみんなに出してもOK。一緒に考えてもらいましょう。ロープを結ぶ手順は子どもには難しく、理解できないおそれがあります。そのため、手順を真似してもらって「工夫しないと結べない」ということを理解してもらうことが大切です。なお、子どもだけできないまま終わらせるのは子どもにとって面白くないはずなので、最後は手順を説明して成功させてあげましょう。

Magic:46 クレヨンの色を見ないで当てる!

やり方は P132 参照

好きな色を一本選んで下さい
受けとったクレヨンを見ないで当てます
これは難しい…
けど、たぶん赤!
?
?
?
当たりです

超能力パフォーマンスでワクワクさせる

次は、子どもにとって身近な道具「クレヨン」を使います。子どもの場合、いろいろと道具を取り替えるバリエーションに富んだマジックメニューのほうが、楽しんでもらえるでしょう。

クレヨンにはトリックがないことをアピールするため、子どもたちの誰かから借りるのもいいでしょう。なお、大人の手にはクレヨンは小さいので、何をやっているのか分かりやすいよう、ややオーバーな動きとリアクションを心がけるのもポイント。クレヨンの色を当てる時は、子どもたちに念を送る超能力者のようなパフォーマンスをすれば、いっそうの盛り上がりが期待できます。

新聞紙の中のグラスが消えた！

やり方は P30 参照

グラスに
新聞紙を
かぶせ
ます
中に
グラスが
あるはず
ですが…
コン
コン
なんと！
バーン！
!
グラスが
消えました

大きな音をたてて ビックリさせよう

　ひも、クレヨンの次は、テーブルに移動して新聞紙とグラスを使ったマジックです。マジックに使うガラスのコップは透明のため、遠くからではよく見えません。そこで、コップに新聞紙をかぶせる場面と、持ち上げて中のグラスを見せる場面では、「ここにグラスがあるよ、みんなわかるかな？」と、しっかりとアピールして確認させてあげましょう。早く進めてしまうと、子どもたちは今何が起こっているのか分からなくなってしまうおそれがあるからです。

　新聞紙のふくらみをつぶすところは、このマジック最大の見せ場。強めにテーブルを叩いて、大きな音を出してインパクトを与えてみてもいいでしょう。

Magic：30 丸めた新聞紙が立派な木に！

やり方は P94 参照

新聞紙を筒状にして
切り込みを入れます
ヂョキ
ヂョキ

新聞紙が立派な
樹になりました

この樹は記念に
差し上げましょう

ラストにふさわしいインパクトを発揮

マジックを楽しんだ子どもたちは「もっと見せて」と、さらに新しいマジックを見たがることがあります。そこでオススメなのが、前のマジックと同じく新聞紙を利用する、ラストにぴったりの工作マジックです。

このマジックは、新聞紙を正しい手順で切れば誰でもできる簡単なもの。しかし、新聞紙が伸びて大きな木に成長するシーンは、インパクト絶大です。完成した木を子どもの誰かにプレゼントすると喜ばれるでしょう。できれば新聞紙をたくさん用意して、みんなで一緒に作ってみれば、盛り上ること間違いなし。またクリスマス会で「新聞紙でクリスマスツリーを作ってみましょう！」という演出をしても面白いですね。

シチュエーション：03

コミュニケーションの手段として、マジックはとても有効です。ロマンチックな演出も加えれば、相手との距離をぐっと縮められるでしょう。

デートで見せる場合

Magic：19 準備体操をしていたら千円札が出現！

やり方は P59 参照

手品の前に手の
準備運動をします

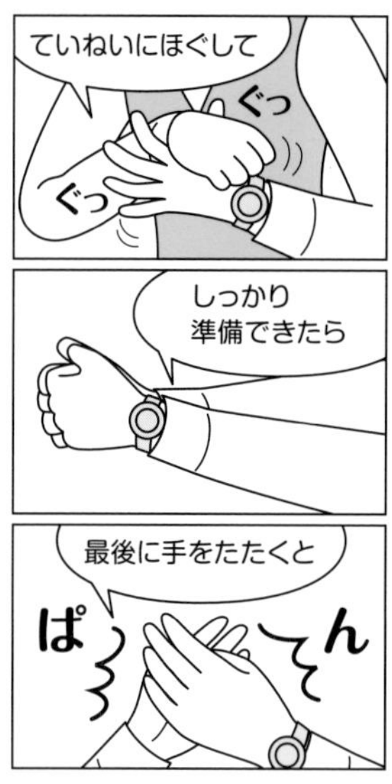
ていねいにほぐして
ぐっ
ぐっ
しっかり
準備できたら
最後に手をたたくと
ぱ
ん

お札が出てきます
!

サプライズ演出でマジックへ引き込む

　レストランなどの日常的な場所では、動きが大きいマジックや、派手なマジックは向きません。いかに自然でさりげなく、相手をマジックの世界に引き込むかが大切です。

　まずは「準備運動をしないとね」などと言えば、違和感なくマジックを始められるでしょう。このとき、相手にも同じ動きをして真似をしてもらうことで、準備運動がマジックの一部だと思っていない相手は、突然出現するお札に大きなインパクトを受けるでしょう。そして、一気にマジックを見たいという気持ちになるのです。

Magic:13 500円玉が破けてしまう!?

やり方は P41 参照

紙に包んだ500円玉、
確かに中にありますね

触って確かめて下さい

ところが
ビリビリに
破れて
しまいます

お金つながりで違和感なく進行

お札を使ったマジックの後なので「次は500円玉を使ってみよう」と言ってつなげます。大人を相手にマジックをする時は流れが重要。道具や現象などに繋がりがなければ「なぜこのマジックをするのか」という違和感を与えてしまうおそれがあります。

相手が500円玉を持っていれば、借りた方がいいでしょう。そうすることで500円玉に仕掛けがないことをアピールでき、また同時に自分のお金が消えたり現れたりすることで、ハラハラ感を与えることができます。

なお、次のマジックにつなげるため、消した500円玉はそのまま手の中に隠し持っておきましょう。

Magic：16
3
折りたたんだ千円札の中から
500円玉が出現！

やり方はP50参照

ふつうの
千円札です

このお札を
たたむと…

中からなんと
500円玉が！
！
私にも
出して！

1、2の道具を使いストーリーを生む

相手の500円玉を消してそのままにしていては、相手に怒られてしまうでしょう。そこで次に披露するのは、500円玉を出現させるマジック。「さっきの500円玉はどこにいったのかな？」などと言い、前のマジックとワンセットで行いましょう。

まず、最初のマジックで使った千円札を持ちます。「借りた500円玉は、このお札の中にあったんだね」と言って、500円玉を出現させましょう。このように、前のマジックで使った道具を使って別のマジックを見せることで、マジックにストーリーが生まれるのです。

取り出した500円玉を相手に返して終了。無事に自分の500円玉が返ってきた相手はホッとするとともに、あなたのマジックに感心するでしょう。

4 Magic : 17
封筒に包んだ千円札が消えた！

やり方は P53 参照

三重の封筒に
大事にしまって
おまじないを
かけて…

開いてみる
と千円札が
消えてしま
いました
?
?

サプライズ演出で オシャレに決めよう

「最後にもう 1 つ見せてあげよう」といい、封筒を取り出します。最後のマジックなら、新しい道具を出してもそれほど違和感はありません。それまでのマジックがスマートにつながっているからこそできる、ラストに最適なマジックです。

P53で紹介しているのは封筒に包んだお金が消え、また登場するというマジックですが、ここではロマンチックな演出をプラス。仕掛けのある封筒に、メッセージカードを仕込んでおくのです。隠し相手の誕生日や記念日を祝う内容にしておけば、サプライズの演出としてぴったり。この場合、カードが入っている封筒は自分ではなく、相手に開けてもらうのがいいでしょう。

シチュエーション：04

家庭でも身近な道具を使って、立派なマジックができます。その日から、子どものお父さんお母さんを見る目が変わるかも？

家庭で子どもに見せる場合

Magic:38
割り箸がストロー代わりに!?

やり方はP112参照

ネタばらしも演出のひとつ

まずは「割り箸でお茶を飲むにはどうすればいい?」とクイズを出して、相手の興味を引きましょう。実際に割り箸でお茶を飲んで驚かせた後は、すぐにネタばらしをしてもOKです。割り箸の裏に貼り付いたストローを発見した子どもは「なんだー！」と笑って、次のマジックを見たくなるでしょう。このように、インパクトがあって仕込みが必要なものは、オープニングマジックにぴったりです。

Magic:37

絡まっているはずのストローが簡単に外れる！

やり方はP110参照

2本のストローを
絡ませます

このとおり
はずれます！

絡まったところに
息を吹きかけると…
ふっ

子どもと一緒に実践

最初のマジックで使ったストローを、そのまま使うマジックです。「じゃあ次もストローを使ったマジックをやろう」と言ってつなぎましょう。ポイントは、子どもの分のストローも用意しておき、一度見せたあとは一緒にやってもらうこと。手順をひとつずつ分かりやすく、ゆっくりと教えてあげましょう。そして無事に成功したら、褒めてあげることを忘れずに。実際にチャレンジして成功すれば、見る以上にマジックの楽しさを知ってもらえます。

Magic : 31
3

安全ピンがハンカチに刺さったまま移動！

やり方は P97 参照

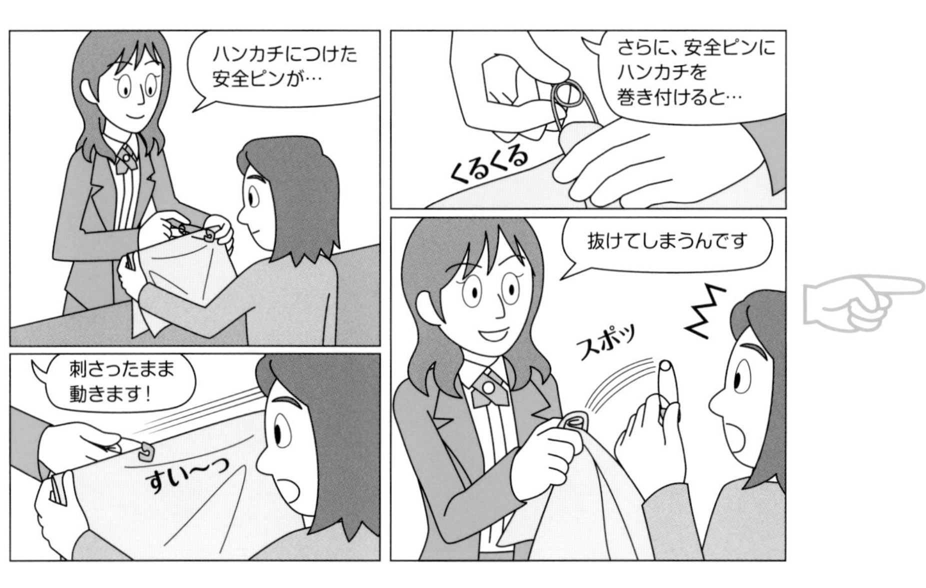

ハンカチにつけた安全ピンが…
さらに、安全ピンにハンカチを巻き付けると…
くるくる
刺さったまま動きます！
すい〜っ
抜けてしまうんです
スポッ

安全に配慮して行うこと

このマジックは安全ピンを使うので、ケガをする危険性があります。そのため、安全ピンを動かすところは、必ず自分で行ってください。子どもに体験させるのは、安全ピンをハンカチから抜き取るところにしましょう。なお、この時も乱暴に扱ってケガをしたり、ハンカチが破けたりすることを防ぐため、丁寧にゆっくりと抜き取ってもらうことが重要です。

Magic:32 割り箸がハンカチを貫通する！

やり方はP100参照

それまでに使った道具で最後のマジックを披露

ラストは、これまでに見せたマジックの総まとめ。最初のマジックで使った割り箸と、ひとつ前のマジックで使ったハンカチを持って、「最後に割り箸とハンカチを組み合わせたマジックを見せてあげる」と言います。

このマジックは、角度によってはトリックが見えてしまうことがあります。ラストにばれてしまっては台無しなので、相手から見えない角度でトリックを行うよう、注意を払いましょう。

割り箸を下から押し上げる最後の動作は、子どもにやってもらってもいいでしょう。

監修プロフィール

上口龍生／ Kamiguchi Ryusei

観客の目の前で行うクロースアップマジックから、迫力のステージマジック・イリュージョンまで、幅広いマジックに精通する若手実力派マジシャン。中でも独自の日本伝統マジック『胡蝶の舞』は、世界的評価を受けている。東京都赤坂見附で自身がオーナーを務める「マジックバー・サプライズ」に出演中。

STAFF
編集協力　島田喜樹、大久保敬太、斉藤彰子（株式会社ケイ・ライターズクラブ）
デザイン　株式会社創基
イラスト　株式会社ファクトリー・ウォーター
撮　影　平原克彦（スタジオアトム）

THANKS
マジックバー・サプライズ
TEL：03-3588-0898／
http://www.surprise-akasaka.com/

ウケる！
かんたんマジック＆手品

監　修／上口龍生
発行者／池田士文
印刷所／図書印刷株式会社
製本所／図書印刷株式会社
発行所／株式会社池田書店
東京都新宿区弁天町 43 番地（〒162-0851）
TEL：03-3267-6821（代）
落丁、乱丁はお取り替えいたします。

© K.K.Ikeda Shoten 2011,Printed in Japan

ISBN978-4-262-14366-8

本書のコピー、スキャン、デジタル化等の無断複製は著作権法上での例外を除き禁じられています。本書を代行業者等の第三者に依頼してスキャンやデジタル化することは、たとえ個人や家庭内での利用でも著作権法違反です。

22029011